ÉTUDES

SUR

LA LOI MUSULMANE.

PARIS. — IMPRIMERIE DE FAIN ET THUNOT,
IMPRIMEURS DE L'UNIVERSITÉ ROYALE DE FRANCE,
Rue Racine, 28, près de l'Odéon.

ÉTUDES

SUR

LA LOI MUSULMANE

(Rit de Malek).

LÉGISLATION CRIMINELLE.

PAR

M. B. VINCENT.

PARIS.

JOUBERT, LIBRAIRE DE LA COUR DE CASSATION,

RUE DES GRÈS, 14, PRÈS DE L'ÉCOLE DE DROIT.

—

1842.

L'Islamisme sonnite (*a*) comptait, comme l'on sait, autrefois, un grand nombre de rites, qui pour la plupart ont disparu. Des événements divers, et ce besoin habituel des gouvernements d'établir, autant que possible, l'uniformité, en ont successivement amené l'extinction. Quatre seulement ont survécu ; ce sont les rites d'Abou Hhanifa, de Malek, de Chafeyï et d'Ibn Hhanbel ; et ces quatre rites se partagent en conséquence aujourd'hui, mais non d'une manière égale, l'universalité de l'église : au rit d'Abou Hhanifa, les fidèles

---

(*a*) Sonnite est, comme l'on sait, pour les musulmans, l'équivalent d'orthodoxe. Ce mot vient de *sonna*, qui, dans le langage ordinaire, signifie voie, coutume, et, en jurisprudence, ce qui est émané du prophète en fait d'actes, de paroles ou d'approbation tacite.

d'Europe et l'immense majorité des fidèles
d'Asie; au rit de Malek, l'immense majorité
des fidèles d'Afrique; il n'est resté au rit
chafeyï, dont le siége principal est en Égypte,
et surtout au rit hhanbely, qu'un nombre
infiniment moindre de sectateurs.

Des publications précieuses, la traduction
du Hedaya, imprimée à Calcutta, et le tableau de l'Empire ottoman, par d'Ohhsson,
ont fait connaître à l'Europe le rit ou, disons
mieux, la jurisprudence d'Abou Hhanifa;
quant à la jurisprudence de Malek, elle ne
lui a point jusqu'à ce jour été révélée.

Nulle autre pourtant ne semblait devoir
offrir à sa curiosité plus d'attrait, car cette
jurisprudence fut la loi de l'Espagne au
temps du glorieux et puissant empire qu'y
avaient fondé les Arabes. Ce fut en quelque
sorte à son ombre, que l'on y vit alors fleu-
rir toutes ces belles et populeuses cités; le
sol acquérir une fécondité que ses nouveaux
conquérants n'ont encore su que détruire;

les lettres, les arts, les sciences, toutes les créations utiles de l'esprit humain, recevoir honneur, encouragement; les divers éléments de prospérité intérieure, dès que les dissensions intestines ou les événements de la terrible lutte contre l'ennemi commun, avaient cessé de les comprimer, reprendre aussitôt leur essor. Certes, c'était un monument digne en tout de la grandeur de l'histoire, que le tableau de la législation du peuple qui fut le plus riche, le plus heureux, le plus civilisé des peuples de l'Occident : eh bien ! ce monument, les Espagnols eux-mêmes n'ont pas songé à l'élever.

L'Europe avait aussi quelque droit de l'attendre de nous, qui toujours avons précédé tous les autres dans la carrière des études orientales, et dont le drapeau est arboré, depuis deux siècles, à l'autre extrémité de l'Afrique (a), au milieu de populations

______

(a) La Sénégambie.

malekyes. Nous devions, à la fois, et à notre haute mission, et aux intérêts des établisse-ments que nous avons fondés dans ces contrées lointaines, de faire de la jurisprudence de Malek l'objet de nos investigations. Nous avons négligé cette tâche, mais aujourd'hui que, sur les bords de la Méditerranée, à deux journées de nos côtes, un empire maleky tout entier s'est ouvert à notre domination, il y a, pour nous, impérieux besoin de l'ac-complir; nous devons, une nécessité nous en fait la loi, nous hâter d'exhumer enfin cette jurisprudence de ses textes, et de lui donner la place qui lui appartient désormais dans nos codes.

Quant à moi, j'ai dirigé vers ce but quel-ques travaux; mais il ne m'a pas été, jusqu'à ce jour, permis de les compléter, car nos collections orientales (a), riches en livres hha-nefys et chafeyïs, sont pauvres en livres

____

(a) On comprend que je veux parler des collections orientales de la Bibliothèque royale ; nous n'en possédons pas d'autres.

malekys, et malgré les secours que m'ont d'ailleurs fournis le petit nombre de manuscrits que je possède, des ressources nécessaires me manquent encore.

Quoi qu'il en soit, en attendant qu'il m'ait été donné d'y mettre la dernière main, j'ai voulu en offrir au moins quelques prémices; et c'est à ce titre, et comme essai, que je publie cet écrit, où je présente sur le rit de Malek un ensemble de notions en général toutes nouvelles, et que je me suis surtout efforcé de rendre exactes. Il se divisera en deux parties; la première est un préliminaire qui consiste :

1° En un aperçu de l'origine du rit de Malek et de sa propagation; je n'y fais que reproduire, soit littéralement, soit en substance, en y ajoutant ensuite de nouveaux faits, ce que m'a paru renfermer d'utile sur ce sujet le chapitre des rites et des sectes du grand et savant ouvrage de la Description historique et topographique de l'Egypte, par Taqy Ed-Din Ahhmed El-Maqrizy;

2° En des détails que j'intitule bibliographie du rit de Malek.

La deuxième partie se compose de la traduction du chapitre qu'Abou-Mohammed Abd Allah Ibn Aby Zeïd El-Qeyraouâny a consacré à la législation criminelle, dans son abrégé de jurisprudence fameux sous le nom de Reçâlé (petit traité), et d'annotations dont j'ai dû l'accompagner; autrement, ce chapitre n'eût pas été compris.

Ce préliminaire, initiant ainsi à la connaissance de l'histoire et du système d'enseignement de l'école, préparera à l'intelligence de l'esprit général de la loi; quant au chapitre et à ses annotations, les dispositions principales de chacune des parties du code criminel y seront exposées.

Ce travail ne pouvait être utile qu'à la condition d'être exact; aussi, je le répète,

je me suis avant tout efforcé de lui donner
le mérite de l'exactitude ; j'y ai constamment
traduit ou suivi des textes, et je me suis appliqué à les interpréter avec fidélité. Dans
tous les cas, je publierai prochainement tous
ceux dont j'aurai offert ici la traduction lit-
térale.

PRÉLIMINAIRE.

§ 1ᵉʳ.

APERÇU DE L'ORIGINE DU RIT DE MALEK ET DE SA PROPAGATION.

« Lorsque Dieu, dit El-Maqrizy (*a*), eut envoyé notre Prophète Mahomet porter la révélation à l'universalité des hommes, Arabes et Barbares, lesquels, si l'on en excepte un petit nombre de juifs et de chrétiens (*b*), professaient

---

(*a*) Manuscrit arabe de la Bibliothèque royale, ancien fonds, n° 680, f° 244.

(*b*) Tout à fait à la lettre, « excepté des restes en fait de gens du livre. » On appelle les gens du livre, en arabe, Ahl-El-Kitâb ou Kitâbys, les juifs et les chrétiens, parce que, à la différence des autres peuples, ils ont eu des livres révélés, qui étaient, pour les juifs, le Pentateuque, et pour les chrétiens, l'Évangile. El-Maqrizy veut dire qu'à la venue du Prophète, il n'en restait plus qu'un petit nombre qui n'eussent point altéré le dogme de l'unité de Dieu, tel que leurs livres le leur avaient enseigné.

tous le polythéisme et adoraient d'autres dieux que Dieu, les événements que l'on sait eurent lieu entre lui et les Qoraïch, et furent suivis de son émigration de la Mecque à Médine. »

« Là il était entouré des Ashhâb (*a*), qu'à chaque instant il trouvait près de lui, malgré leur gêne et la difficulté qu'ils éprouvaient à pourvoir à leur subsistance. En effet, les uns exerçaient des industries dans les marchés, les autres vivaient de dons (*b*), et à chaque instant ils venaient auprès du Prophète, et quelques-uns y accouraient sitôt que le soin, qui les occupait tous, de pourvoir à leur subsistance, leur avait laissé le moindre loisir. »

« Or, si une question lui était soumise, s'il rendait une décision, s'il commandait ou défendait de faire une chose, ou s'il la faisait, la connaissance en était acquise à ceux qui alors étaient avec lui, mais elle échappait aux autres. »

« C'est ainsi qu'Omar ignorait, au sujet du dié dû pour le fœtus de la femme, ce que savait un simple Arabe de Hodaïl, Hhamel ben Malek

---

(*a*) Ashhâb est le pluriel de sâhhib, qui signifie compagnon. On appelle sâhhib ou encore sehhâby au singulier, et ashhâb au pluriel, les compagnons du Prophète.

(*b*) *Vivaient de dons* est le sens le plus plausible que m'ait paru offrir l'expression arabe, que j'ai lue ainsi : Yeqoum aala nohhlet.

Ibn En-Nâbegha; cet Arabe le savait tandis qu'Omar l'ignorait. »

« Pendant la vie du Prophète, des Ashhâb rendaient des fétouas; c'étaient Abou Bekr, Omar, Otsman, Aly, Abd Er-Rahhman ben Aouf, Abd Allah ben Meçaoud, Obeyi ben Kaab, Moâd ben Djebel, Ammar ben Yâcer, Hodeïfa ben El-Yeman, Zeïd ben Tabet, Aboud-Derek, Abou Mouça El-Ach'aary et Selmân El-Fàrecy. »

« Après sa mort, après l'élévation d'Abou Bekr au kalifat, les Ashhâb se séparèrent; les uns pour aller faire la guerre à Moceïlema et aux musulmans qui avaient apostasié, les autres pour aller à l'expédition de Syrie, d'autres allè-rent à l'expédition de l'Iraq, et un certain nom-bre demeura à Médine avec le Kalife. »

« Si, pendant ce temps, une question s'offrait à juger, Abou Bekr statuait d'après le Coran et la Sonna, quand il en connaissait quelque point qui y fût applicable; sinon, il consultait les Ashhâb qui étaient près de lui; et lorsque ceux-ci avaient pu lui en indiquer un, il le prenait pour base de sa décision; dans le cas contraire, il appréciait (a) et jugeait. »

(a) A la lettre : « Il se livrait à l'idjtihâd. » Le mot idjtihâd, dans

« Après la mort d'Abou Bekr et l'avénement d'Omar, les grandes cités étant tombées au pouvoir des musulmans, il en résulta une plus grande dispersion des Ashhâb, qui se trouvèrent disséminés dans les contrées qu'ils avaient conquises. »

« Chaque fois alors qu'un cas s'offrait à juger à Médine ou dans une autre ville, et que ceux des Ashhâb qui s'y trouvaient, possédaient une tradition du Prophète qui y fût relative, on le jugeait d'après cette tradition; sinon, l'Émir de la ville avait, pour le juger, recours à l'idjtihâd. »

« Or, souvent il arrivait que, sur ce cas ainsi jugé à l'aide de l'idjtihâd, il existait, à la connaissance de quelque autre des Ashhâb, une décision du Prophète; il arrivait que le Sâhhib de Médine avait été présent à tel acte ou à tel

---

le langage ordinaire, signifie faire des efforts; comme terme technique de jurisprudence, il s'entend de *l'acte du jurisconsulte faisant tous ses efforts pour se former l'opinion de l'existence d'une disposition de loi.* La disposition de loi ainsi puisée par opinion aux arguments, à l'aide de l'idjtihâd, est en général ce que l'on appelle fer'aa, pluriel forouou. Fer'aa signifie, à la lettre, branche. J'ai voulu faire connaître ici ce que l'on entend par idjtihâd; il m'arrivera désormais de faire usage de ce mot, qui n'a pas d'équivalent dans notre langue.

discours du Prophète auquel n'avait point assisté le Sàhhib de l'Égypte ; qu'il en était de même du Sàhhib de l'Égypte avec le Sàhhib de Syrie ; du Sàhhib de Syrie avec le Sàhhib de Basra ; du Sàhhib de Basra avec le Sàhhib de Koufa. Tout cela nous est attesté par les relations (a) et par ce fait connu, que quelquefois des Ashhâb n'étaient point auprès du Prophète lorsque d'autres s'y trouvaient ; qu'ensuite, tel qui y avait été la veille, n'y était plus le lendemain, tandis que l'absent de la veille y était au contraire le lendemain ; et de la sorte, chacun savait ce qui avait eu lieu en sa présence, et la connaissance du surplus lui échappait. »

« Tel fut le système de la jurisprudence sous les Ashhâb. Aux Ashhâb succédèrent les Tàbyïs leurs disciples ; et chaque catégorie de Tàbyïs, dans les pays ci-dessus mentionnés, ne s'étant instruite qu'à l'école des Ashhâb qui s'étaient trouvés dans le pays auquel elle appartenait,

(a) Je traduis par *relations* le mot atâr, qui, dans le langage ordinaire, signifie traces, et de là, ce qui a été transmis par la tradition, la tradition elle-même, les monuments, les ruines, les faits historiques, l'histoire. Il a, en outre, une acception technique (et elle lui est donnée ici), selon laquelle il s'entend de ce qui nous a été transmis des dires, faits et gestes des musulmans de la primitive église, et de la tradition de ces dires, faits et gestes.

ne suivait de fétouas que les leurs, à l'exception d'un petit nombre de fétouas émanés d'autres Ashhâb, et dont la connaissance était arrivée jusqu'à elle. »

« C'est ainsi que, dans la plupart des points, on suivit, à Médine, les fétouas d'Abd Allah ben Omar; à Koufa, les fétouas d'Abd Allah ben Meçaoud; à la Mecque, les fétouas d'Abd Allah ben Abbas; en Égypte, les fétouas d'Amrou ben El-Aâs. »

« Puis, après les Tabyïs, vinrent les jurisconsultes des grandes cités, tels qu'Abou Hhanifa, Sofiân et Ibn Aby Leïla de Koufa; Ibn Djerihh à la Mecque; Malek et Ibn El-Madjechoun à Médine; Otsman Et-Temimy et Sewâr à Basra; El-Aouzayï en Syrie; El-Leïts ben Saad en Égypte; et procédant selon ces errements, chacun d'eux suivait l'enseignement des Tâbyïs de son pays quant aux cas que cet enseignement avait prévus, et recourait à l'idjtihâd quant aux cas que cet enseignement n'avait pas prévus, et que, souvent, avait prévus l'enseignement de Tâbyïs d'autres contrées. »

(Mais, durant le cours de cet état de choses, la jurisprudence n'avait cessé de tendre vers plus d'exactitude et d'homogénéité; car, dans l'intervalle, les traditions du prophète

avaient été, l'une après l'autre, recueillies ; on les avait rassemblées, et la connaissance s'en était partout répandue.
Il n'y avait plus lieu, dès lors, à divergence quant aux questions dont elles offraient la solution incontestable, et elles
fournissaient en même temps des données précieuses pour
la solution de celles qu'elles laissaient encore à l'état de
problème. C'est ce qu'El-Maqrizy expose plus loin dans les
termes suivants :)

« Puis , les pérégrinations devinrent fréquentes ; les hommes se rencontrèrent, ils se
virent, et nombre d'entre eux se livrèrent au
soin de rassembler les traditions du Prophète
et de les écrire. Le premier qui en fit un recueil
fut Mohhammed ben Chehâb Ez-Zohery ; les
premiers qui établirent un classement et une
division par chapitres, furent Saaïd ben
Aarouba (a) et Er-Rebii ben Sebihh à Basra,
Maamer ben Râched dans le Yemen, Ibn
Djerihh à la Mecque, Sofiân Et-Toury à Koufa,
Hhemmâd ben Selema à Basra, El-Ouelid ben
Moslem en Syrie, Djerir ben Abd El-Hhamid à
Rey, Abd Allah ben El-Mobarek à Mer'ou et
dans le Khoraçân, Hechim ben Bechir à Ouâcet ;
et à Koufa, Abou Bekr ben Aby Chiba se dis-
tingua entre tous, par le nombre de ses chapi-

(a) Ou plutôt Ben Aby Aarouba.

tres, la bonne distribution de ses matières et le talent avec lequel il composa. »

« Alors, les traditions du Prophète vinrent des contrées lointaines se révéler à ceux qui les avaient ignorées, et chacune, en se manifestant, établissait à leur égard le titre authentique (*a*). On réunit celles qui faisaient ressortir l'exactitude de l'une de plusieurs interprétations données aux discours du Prophète en dehors du sens naturel des termes; on apprit à discerner, dans ces interprétations, le vrai d'avec le spécieux, à reconnaître les vices de l'idjtihâd qui induisait à contrevenir aux paroles du Prophète de Dieu, et à s'écarter de l'observation de sa pratique; et la connaissance de chaque tradition, arrivant à ceux qui, jusque-là, ne s'y étaient point conformés, et établissant à leur égard le titre authentique, faisait par là, pour eux, cesser l'excuse. Les Ashhâb et un grand nombre de Tâbyïs accomplissaient ainsi

----

(*a*) Je traduis par *titre authentique* le mot arabe hhoddjé, qui n'a pas d'équivalent dans notre langue. El-Maqrizy veut dire que la connaissance acquise de chaque tradition formait une promulgation, une notification de cette tradition impliquant mise en demeure de s'y conformer; de telle sorte qu'ensuite y contrevenir, c'était se mettre en flagrant délit de désobéissance envers la loi, et par conséquent envers Dieu.

de longs voyages à la recherche d'une seule tradition ; c'est ce que sait quiconque a lu les livres
de tradition et connaît la vie des Ashhâb et des
Tâbyïs. »

« Quand ensuite Hâroum-Er-Rachid eut été
élevé au kalifat, et qu'il eut, après l'année 170,
investi de la judicature Abou Youcef Yaaqoub
ben Ibrahim, l'un des disciples d'Abou Hhanifa,
il ne nomma plus à aucun siége dans l'Iraq, le
Khoraçân, la Syrie et l'Égypte, que des sujets
qu'Abou Youcef lui avait désignés, et qu'il s'était
appliqué à choisir. »

« De même en Espagne, El - Hhakem El-
Mortedha ben Heschâm ben Abd Er - Rahh-
man ben Moaouia ben Heschâm ben Abd El-
Melik ben Merouân ben El Hhakem, ayant
pris les rênes de l'empire après la mort de
son père, eut en grande faveur Yahhia ben
Yahhia ben Ketir, l'Espagnol, qui avait fait le
pèlerinage, qui avait entendu le Mouettha, à
l'exception de quelques chapitres, de Malek lui-
même, et avait acquis sous Ibn Ouehb (a), sous

(a) Abou Mohhammed Abd Allah ben Ouehb ben Moslem, né
en Égypte en l'an 125, y mourut en l'an 197. Malek, dont il fut
longtemps le disciple, avait pour lui une haute estime et lui témoi-
gnait une grande considération.

Ibn El-Qâcem (*a*) et autres docteurs, une grande science. Puis, de retour dans sa patrie, il s'y était élevé à un degré d'autorité et de considération que nul autre n'avait atteint; c'était de lui qu'émanaient les fétouas; monarque et sujets venaient le consulter, et Heschâm ne nomma plus de Qâdhy dans toute l'Espagne que d'après sa présentation et le choix qu'il s'était appliqué à en faire. »

« Alors on abandonna, en Espagne, le rit d'El-Aouzayï (*b*) pour le rit de Malek, qui, du reste, y avait déjà été introduit par Zeyâd ben Abd Er-rahhman, connu sous le nom de Chebthoun, lequel, le premier de tous, l'y apporta (*c*). »

(*a*) Abou Abd Allah ben Abd Er-Rahhman ben El-Qâcem ben Khaled ben Djonâda fut le plus assidu des disciples de Malek. Il est aussi celui qui avait acquis la connaissance la plus exacte et la plus intime de sa doctrine, de sa jurisprudence. Il enseigna en Égypte, où il s'était retiré après la mort de son maître, et il y mourut en l'an 191, âgé d'environ soixante ans.

(*b*) Abou Amrou Abd Er-Rahhman Ibn Amrou El-Aouzayï, né à Balbek en l'an 88, et mort à Beyrout en l'an 157. Il fut disciple de Tâbyïs et devint l'un des docteurs les plus fameux de son temps. Il donna des fétouas sur soixante-dix mille, ou même, suivant quelques-uns, sur quatre-vingt mille propositions.

(*c*) Chebthoun, docteur espagnol, alla en Orient, où il étudia sous Malek; et il en revint avec une copie complète du Mouettha, et possédant une connaissance approfondie de ce livre que, du

« Quant à l'Afrique (*a*), on n'y suivait en général que les traditions et les relations ; quand
enfin y arriva Abd Allah ben Farroukh El-
Fârecy (*b*) avec le rit d'Abou-Hhanifa, qu'y fit

---

reste, El-Ghâzy ben Qeïs avait déjà apporté en Espagne, sous le
règne d'Abd Er-Rahhman ben Moaouia, si l'on en croit l'Histoire
de la conquête de l'Espagne, par Ibn El-Qouthia (manuscrit arabe
de la Bibliothèque royale, ancien fonds, n° 706, f° 14).

Chebthoun fit partager à l'Espagne, l'admiration que lui avaient
inspirée le savoir et les vertus de Malek, et ce fut à son instigation
que Yahhia ben Yahhia, qui était son disciple, se hâta d'aller en
Orient pour y apprendre le Mouettha de Malek lui-même, tandis
que ce docteur vivait encore. Il refusa obstinément les fonctions de
Qâdhy ; il s'enfuit de Cordoue pour se soustraire aux violences que
le kalife Heschâm voulait lui faire pour le contraindre à les accepter, et il ne consentit à y rentrer qu'après que Heschâm lui eût
envoyé la promesse de ne plus l'inquiéter à ce sujet.

(*a*) On sait ce que les Arabes appellent Afrique ; c'est la région
qui s'étend entre le Sahara et la Méditerrannée, depuis et y compris le pays de Barqa, jusqu'à la province de Bougie.

(*b*) Ben Farroukh, né, dit-on, en Espagne, en l'an 115, se
fixa à Qeyraouân. Puis il alla en Orient, où il étudia sous divers
docteurs, entre autres Malek et Abou Hhanifa, et, auprès de ce
dernier, il recueillit et mit par écrit des propositions de jurisprudence dont on porte le nombre à dix mille. A son retour à Qeyraouân, il enseigna. On voulut l'y nommer Qâdhy ; il refusa, car il
avait une religieuse frayeur des fonctions de judicature, dont la
responsabilité épouvantait sa conscience. Après qu'on eut en vain
insisté auprès de lui, on le fit asseoir de force dans la mosquée,
et l'on commanda aux plaideurs de venir lui soumettre leurs causes ;
mais dès qu'il les vit s'avancer, il se prit à pleurer, en les suppliant
d'avoir pitié de lui. Alors, on le lia, on le porta sur le toit de la
mosquée, et on le menaça de l'en précipiter s'il persistait dans

ensuite prévaloir Aced ben El-Forat ben Senân ,
Qâdhy d'Afrique pour Ziadet Allah ben Ibrahim,
ben El-Aghleb, Émir d'Afrique (*a*). Puis,

---

son refus. Il persista d'abord, puis, quand il reconnut que la me-
nace était sérieuse et que l'on se mettait en devoir de l'exécuter, il se
rendit, et on le mena donner audience, en le gardant à vue. Mais cette
fois encore, deux plaideurs s'étant présentés, il ne put que pleurer et
les conjurer au nom de Dieu de se retirer et de lui épargner un aussi
grand mal. Les plaideurs se retirèrent, et, à la fin, on se contenta d'exiger de lui qu'il désignât un homme propre à remplir les fonctions de
Qâdhy à sa place. « Si quelqu'un est propre à les remplir, dit-il, c'est
Abd Allah ben Ghânem. » Et on nomma Abd Allah ben Ghânem. Ben
Farroukh se retira ensuite en Égypte, où il mourut en l'an 176.

J'ai puisé cette note dans le Dictionnaire biographique des savants et des hommes pieux de Qeyraouân et de l'Afrique, par Abou
Bekr Abd Allah (manuscrit arabe de la Bibliothèque royale, ancien
fonds, n° 752, f° 16). J'ajouterai, pour l'intelligence de l'anecdote
qui y est rapportée, que, lorsqu'un homme se trouve posséder seul
les conditions de science, de capacité, de dignité de lui-même, de
crainte de Dieu, voulues pour l'exercice des fonctions de judicature, la loi lui fait un devoir d'accepter ces fonctions, et qu'il
est légitime de l'y contraindre même par les coups.

Ce Dictionnaire biographique tend du reste à présenter ben
Farroukh plutôt comme Maleky que comme Hhannefy.

El-Maqrizy, dans sa Biographie des Hommes illustres, fait naître
Ben Farroukh dans le Khoraçân.

(*a*) Aced ben El-Forât, né dans Khoraçân, fut en 144, à l'âge
de deux ans, apporté à Qeyraouân, où il se livra de bonne heure
à l'étude de la religion et de la loi. Il alla ensuite étudier à Médine,
sous Malek, puis dans l'Iraq, sous les disciples d'Abou Hhanifa,
et enfin en Égypte sous Ibn El-Qâcem. De là, il revint, riche
de science, se fixer à Qeyraouân. Il y fut nommé, en l'an 203,
aux fonctions de Qâdhy, et, en l'an 212, il quitta son siége pour

Sehhnoun Ibn Saaïd Et-Tenoukhy (*a*) y ayant été nommé Qàdhy, il y propagea le rit de Malek et les fonctions de judicature passèrent à ses disciples. Mais ils ne se ruèrent point sur le temporel, comme le firent après eux les Beni Hàchem, lesquels étaient malekys, lorsqu'ils eurent été investis de la judicature. Ceux-ci se transmettaient les siéges à titre d'héritage, de la même manière que l'on se transmet des terres. Après', El-Moaz ben Bàdis (*b*) poussa toutes les populations de l'Afrique à adopter le rit de Malek à l'exclusion de tous les autres rites. »

« Tous les habitants de l'Espagne et de l'Afrique ont été ainsi amenés à embrasser le rit de

---

prendre le commandement d'une expédition dirigée contre la Sicile. Il mourut en Sicile, en l'an 213, après de brillants exploits, de blessures qu'il avait reçues au siége de Syracuse.

(*a*) Abou Abd El-Selâm ben Saaïd Et-Tenoukhy, connu sous le nom de Sehhnoun, né en 160, en Syrie, mort en 240, à Qeyraouân. Il étudia d'abord en Afrique, puis à Médine et en Égypte, sous un grand nombre de docteurs, entre autres Ibn El-Qâcem. Il contribua puissamment à la propagation du rit de Malek. On verra plus loin quelle part il prit à la composition du livre qui tient le premier rang parmi les livres de jurisprudence de ce rit.

(*b*) El-Moaz ben Bâdis, Émir d'Afrique, né en 398, mort en 454. Deux événements marquèrent surtout son règne : il rallia au rit de Malek les sectateurs d'Abou Hhanifa, qui étaient en grand nombre dans ses États; et il substitua dans la Khothba, le nom des Kalifes de Baghdad à celui des Kalifes d'Égypte.

Malek, et jusqu'à ce jour, à le suivre, par le désir d'avoir part aux faveurs du prince et par l'amour du temporel; car les fonctions de Mufty et de Qâdhy n'y étaient conférées, dans l'universalité des villes et des bourgs, qu'à des hommes connus pour être jurisconsultes suivant ce rit. »

(a) Le rit de Malek fut aussi introduit en Égypte; Abd Er-Rehhim ben Khâled ben Yezid, docteur fameux, mort à Alexandrie en 163, l'y apporta, et ensuite il ne cessa d'y compter un grand nombre de sectateurs, jusqu'au temps des Kalifes fatimites. Il eut alors de longues et cruelles persécutions à souffrir sous ces princes, qui avaient à cœur de faire régner leurs hérésies et qui ne toléraient d'autres rites que les leurs; et, si l'on en excepte de rares intervalles, tant que subsista leur monarchie, il ne conserva dans toute l'Égypte, ni tribunaux, ni chaires d'enseignement, ni mosquées.

A la fin, la dynastie des Eyoubites étant venue rendre ce pays à l'orthodoxie, Saladin déposa tous les juges chiites, et chafeyï lui-même,

---

(a) A partir de ce point, je ne copie plus El-Maqrizy, je ne fais que le résumer.

il conféra   lesfonctions de grand juge à un cha-feyï, qui, dans tous les siéges, ne se donna pour substituts que des jurisconsultes de son rit. Il fonda en même temps, au Caire, trois écoles de jurisprudence; l'une pour le rit chafeyï, l'autre pour le rit maleky, et la troisième pour le rit hhanefy, dont le sultan El-Melik El-Aadel Nour Ed-Din Mahhmoud était un sectateur zélé. La protection de ce prince, qui déjà l'avait propagé en Syrie, le suivit en Égypte, et bientôt elle lui valut d'y compter de nouveau des prosélytes et des docteurs. Néan-moins il n'y acquit, ainsi que le rit d'Ibn Hhanbel, d'importance sérieuse qu'aux der-niers temps de la dynastie des Eyoubites. En-fin, en l'an 665, El-Melik Ed-Dhâher Bibars institua au Caire quatre tribunaux, un pour chacun des quatre rites, et cette institution s'y est perpétuée (a).

(a) Aboul-Mehhacen, dans son Menhel Es-Safy (man. arabe de la B. R. ancien fonds n° 748 f° 96), raconte que cette mesure eut pour motif le long retard que le Qâdhy chafeyï Tadj Ed-Din Ibn Bint El-Aazz mettait à expédier un grand nombre d'affaires; et qu'elle fut prise sur la proposition de l'Émir Djemal Ed-Din Aidaghdy, qui jouissait auprès d'El-Melik Ed-Dhâher d'un grand crédit, et qui n'aimait pas Tadj Ed-Din. Il ajoute qu'ensuite on institua de même dans les autres contrées un Qâdhy pour chaque rit.

(*a*) Mais l'Espagne fut surtout le théâtre de la gloire du rit de Malek : là il régna sans partage, et jusqu'au dernier jour, il y fut constamment et partout le rit officiel, le rit unique. Nulle part son enseignement ne jeta plus d'éclat, ne jouit de plus d'honneur, et nulle part ses jurisconsultes ne brillèrent, et en aussi grand nombre, par autant de lumières, de savoir et de vertus. Il fut un temps où toujours ils étaient appelés aux conseils du prince; où, pour être vizir, il fallait être versé dans la jurisprudence du rit de Malek; et ce temps est celui où chaque jour ajoutait à la prospérité, à la splendeur de l'empire. Le renom des écoles qu'il y posséda ne finit qu'avec elles, lorsque disparut le dernier débris de la domination musulmane en Espagne; et les diverses contrées du Maghreb, de l'Afrique et même de l'Orient, ne cessèrent de leur fournir des disciples. Entre toutes, celles de Cordoue furent les plus fameuses; elles furent les plus fécondes en docteurs illustres, et elles étaient considérées comme transmettant avec le plus de fidélité le dépôt de l'enseignement de Malek. La jurisprudence de

---

(a) Je cesse ici de suivre El-Maqrizy ; je parle désormais d'après d'autres autorités.

Cordoue servait d'ailleurs en quelque sorte de jurisprudence régulatrice en Espagne, et même dans le Maghreb, ainsi que nous l'apprend ce passage de l'histoire d'Espagne par El-Maqary :

« Sachez que, à raison de l'importance que l'on reconnaissait à Cordoue, sa jurisprudence faisait autorité dans le Gharb, si bien que l'on y disait dans les jugements : « telle a été la jurisprudence suivie à Cordoue (a). »

C'est de l'Espagne que le rit de Malek avait envahi le Maghreb; mais il ne lui fut donné qu'en Espagne, de rencontrer ce libéralisme des esprits, sans lequel les législations théocratiques dégénèrent aussitôt pour les peuples, en cause d'ignorance, d'affaiblissement et de ruine.

Les tribus éparses dans l'immensité du Sahara, tout en professant l'islamisme, qu'elles avaient embrassé, dit Ibn Khaldoun, après la conquête de l'Espagne, n'en connaissaient que d'une manière confuse les principes, et elles en ignoraient la loi; quand, au cinquième siècle,

---

(a) Man. arabe de la B. R. ancien fonds, n° 704, f° 129. El-Maqary dit plus loin, dans le second volume de son histoire (man. 705 f° 50) : « Nulle part on ne s'attachait autant qu'à Cordoue, à suivre le plus authentique des dires malekys, si bien qu'on n'y nommait pas de juge sans lui imposer la condition de ne point s'écarter du dire d'Ibn El-Qâcem.

un élève des universités espagnoles, le fameux Abd Allah ben Yàcin, alla les catéchiser, et il leur porta le rit de Malek.

Après avoir persuadé la tribu de Djedâla, il contraignit par elle la tribu de Lemtouna, qui l'avait repoussé d'abord, et celle-ci devint ensuite l'instrument à la fois le plus docile et le plus énergique de sa mission. Il se servit surtout des hommes de cette tribu pour soumettre successivement, par la force des armes, toutes les autres et même des peuples voisins, au joug de l'enseignement qu'il annonçait ; et le zèle et la bravoure qu'ils déployèrent dans le cours de cette sanglante propagande, leur méritèrent de lui ce surnom qu'ils rendirent si fameux, d'El-Morabithin (Almoravides).

D'autres, après lui, continuèrent son œuvre, et de nouveaux champs s'ouvrirent ainsi aux envahissements de l'islamisme, qui bientôt compta des sectateurs dans presque toutes les parties de l'immense région que les géographes modernes désignent communément par le nom de Nigritie. Le malékisme y pénétra toujours avec lui, et le rit des musulmans de ces contrées est encore aujourd'hui le rit de Malek.

§ 2.

BIBLIOGRAPHIE DU RIT DE MALEK.

—

Malek ben Anes, le fondateur du rit qui porte son nom, enseigna à Médine, où il était né en l'an 95, et où il mourut en l'an 179.

Disciple assidu de Tàbyïs, il s'était, à leur école, élevé à un haut rang parmi les Modjtehids, c'est-à-dire parmi ceux qui, possédant la connaissance des arguments de la législation, peuvent se livrer à l'idjtihâd; et, comme d'ailleurs il était doué d'une grande rectitude de jugement et d'esprit, et que l'on admirait sa piété, ses vertus, non moins que son savoir, ses opinions jouissaient d'une grande autorité.

Il composa le Mouettha (*a*), qui forme l'un des six recueils authentiques de traditions, et qui, à ce titre de recueil de traditions, appartient à la classe des livres d'oçouls (principes) ou adillés (arguments). Néanmoins il en fit aussi

—

(*a*) Mouettha, signifie aplani.

un livre de jurisprudence, en y ajoutant aux traditions, rangées par chapitres et selon l'ordre des matières auxquelles elles se rattachaient, des explications, des solutions, des fer'aas, et en y fixant ainsi les points principaux de son enseignement. Mais hors ce livre, qu'il renferma du reste dans les limites d'un étroit volume, sa jurisprudence fut toute orale; c'est au soin que prirent ses disciples, de la recueillir et de la transmettre, que nous devons d'en posséder le dépôt, et elle est arrivée jusqu'à nous après avoir été successivement exposée, reproduite, coordonnée, interprétée, commentée, dans une foule de digestes dont le document que l'on va lire fera connaître les plus classiques. Ce document, c'est une réponse que le savant et vénérable Moustapha ben Mohhammed Mufty maleky d'Alger, voulut bien faire un jour à une question que je lui avais adressée; le voici :

« Demande : y a-t-il chez les Malekys un livre qui ait plus d'autorité que le livre de Khalil et sur lequel on se fonde davantage? »

« Réponse : Si l'on envisage les livres en eux-mêmes et dans leur essence, il n'existe point de rapport de supériorité entre les livres des temps anciens et les livres des temps postérieurs; car tous renferment les dispositions de la loi et les principes de la religion ; mais quant aux ulémas qui les ont écrits, les ulémas des premiers siècles l'emportent sur ceux qui sont venus après eux, en ce que leur mémoire était plus fortement imbue, que leur tradition était plus exacte, et qu'ils avaient une grande connaissance des arguments de la loi. »

« On sait que les recueils des ulémas des premiers siècles sont au nombre de sept ; savoir, quatre appelés les recueils principaux ; ce sont El-Modawéné par Sehhnoun, El-Mewâzyé par Mohhammed Ibn El-Mewâz, El-Ootebyé par El-Ooteby, et El-Ouâdhihha par Ibn Hhabib. Les trois autres sont El-Mokhtaletha, par Ibn El-Qàcem, El-Mebçouth, par le Qàdhy Ismaïl, et El-Medjmouaa, par Ibn Aabdous. »

« Mais ces ouvrages étaient étendus, les matières y étaient longuement exposées, l'expression y abondait ; et comme l'on remarqua que les hommes, occupés des affaires temporelles, n'avaient pas l'aptitude nécessaire pour les apprendre, que leur mémoire était trop faible, les ulémas des siècles qui suivirent, venant en aide à cette faiblesse de leur mémoire, se mirent à en faire des abrégés ; et, dans leurs travaux, ils dirigèrent diversement leurs vues

selon que l'objet de leur sollicitude était diffé-
rent. Ainsi, les uns considérèrent l'universalité
des hommes, et ils embrassèrent dans leur
abrégé toutes les parties de la législation, tel Ibn
El-Hhàdjeb; d'autres considérèrent les enfants
et les commençants, qui peuvent être assimilés
aux enfants, et leur abrégé contient les points
les plus importants de la législation, auxquels
ils ajoutèrent un grand nombre de règles de
conduite légale, tel Ibn Aby Zeïd El-Qeyraouàny; d'autres eurent égard à la situation des
Qàdhys et des magistrats, et ils bornèrent leur
abrégé aux dispositions relatives à la judicature, tel Ibn Ferhhoun dans son Tebcira; d'autres eurent égard à la situation des personnes qui
se livrent à l'accomplissement des pratiques re-
ligieuses, et ils ne s'occupèrent, dans leur abrégé,
que des dispositions relatives à ces pratiques. »

« Enfin, au huitième siècle de l'hégire, le
Cheïkh Khalil acquit de la renommée au Caire, et
il y tint le premier rang parmi les docteurs. Sa
mémoire était riche, son savoir solide; c'était un
homme consciencieux, et il était versé dans les
diverses sciences. On lui demanda de faire, dans
un livre abrégé, l'exposé de la jurisprudence
suivie dans les jugements et les fétouas selon
l'enseignement généralement professé du rit de

Malek. Il acquiesça à cette demande, et pour y satisfaire, il composa le précis que l'on connaît, dans lequel il rassembla, avec une concision excessive d'expression, les divers points de la jurisprudence suivie dans les jugements et les fétouas selon l'enseignement généralement professé de ce rit. Ce précis renferme environ cent mille propositions explicites de jurisprudence, et environ cent mille propositions implicites, total deux cent mille; et quand on y vit rassemblées ainsi dans un cadre étroit un grand nombre de propositions, et qu'il pouvait être facilement retenu, on l'accueillit avec satisfaction, avec faveur; on l'agréa, et les ulémas s'occupèrent de le commenter, d'en résoudre les difficultés, d'en expliquer les passages obscurs, si bien que le nombre des commentaires dont il fut l'objet s'éleva à plus de vingt. Ainsi Bohrâm en fit trois commentaires, un grand, un petit et un moyen; El-Adjhoury en fit aussi trois, un grand, un petit et un moyen; El-Kherchy en fit deux, un grand et un petit; Et-Tetay en fit de même deux, un grand et un petit; El-Hhetthâb en fit un grand commentaire; le Cheïkh Salem Es-Senhoury, El-Mewâk et Abd El-Bàqy Ez-Zorqàny le commentèrent; Ahhmed Ez-Zorqàny y mit des annotations; El-Cheberakhyty le commenta , ainsi que le Cheïkh Ed-Derdir ; Ibn Ghàzy y mit des annotations ; Abd El-Baqy El-Benàny (*a*) du Maghreb et le Cheïkh El-Emir d'Égypte y mirent des annotations , et d'autres dont il serait long d'offrir la liste. »

« Puis, quand ceux qui se livrent à l'étude de la science virent qu'il était agréé, qu'il comptait un grand nombre de commentaires, ils se mirent à l'étudier, et ils le prirent pour point commun d'enseignement, afin que leur discussion eût lieu selon un système uniforme, de sorte qu'ils y trouvassent un stimulant et un sujet d'émulation à bien comprendre. Mais à raison de la difficulté qu'il offre , il n'est donné d'en saisir le sens qu'à l'homme doué de pénétration , d'un haut degré d'intelligence et versé dans les sciences arabes ; et celui qui, à l'aide d'une étude assidue, en y consacrant ses jours et ses nuits, est parvenu à le posséder, a le droit d'en être fier, et il a pris rang parmi les ulémas du premier ordre. »

« En un mot, le précis de Khalil est aujour-

***

(*a*) C'est par distraction sans doute, que le Mufty a écrit Abd El-Bâqy El-Benâny ; il aura voulu dire Abd Es-Selâm El-Benâny.

d'hui le livre classique dans toutes les contrées, et c'est en Dieu qu'est l'assistance. »

On me saura gré d'avoir reproduit littéralement cet exposé si remarquable et si précieux. Je vais maintenant essayer de le rendre plus complet par quelques détails.

Parmi les quatre recueils principaux, le Mo dawéné joue le premier rôle; il est celui auquel on accorde le plus d'authenticité, et l'autorité de tous les autres digestes le cède à la sienne. Les dires qu'il expose forment donc en quelque sorte la loi du rit, et l'on suit d'abord ceux qui y sont rapportés d'après Malek, puis ceux qui y sont rapportés d'après Ibn El-Qàcem.

El-Modawéné.

Modawéné signifie enregistrées, rassemblées en recueil, c'est-à-dire Meçâïl Modawéné, propositions rassemblées en recueil ou recueil de propositions.

Le Modawéné, si l'on en croit Casiri (a), ne serait rien moins que l'œuvre de Malek lui-mème, mais, et on le reconnaîtra, ce bibliographe a fait en ce point une confusion grossière;

____

(a) Bibliothèque de l'Escurial, t. 1er, p. 446. Du reste, Casiri appelle El-Modawéné El-Meduana, ce qui indique déjà qu'il manquait de notions sur ce livre.

quelques-uns, et notamment Hhadjy Khalfa et Ibn Khilkan, lui donnent pour auteur Ibn El-Qàcem; le plus généralement on l'attribue, ainsi que le fait le savant Mufty d'Alger, à Sehhnoun; il en est aussi qui le confondent avec le Mokhta-letha. Voici une notice qu'en offre le Cheïkh El-Emir, dans ses annotations sur la préface du précis de Khalil :

« El-Modawéné, dit El-Emir, ce sont des pro·positions dont le Qàdhy de Qeyraouàn Aced Ibn El-Forât aly ben Mohhammed Ibn El-Hhaçan, le Hhanefy, fit un recueil. Ensuite ce recueil fut soumis à Ibn El-Qàcem, et Sehhnoun le retoucha. On l'appela El-Acedyé et El-Mokhta-letha (mélées). Ibn Aby Zeïd (*a*), Ibn Aby Zomneïn (*b*), et autres en firent l'abrégé, puis Abou Saaïd El-Beradaayï dans le Tehdib (*c*). Il de-

---

(*a*) Cet Ibn Aby Zeïd est l'auteur du Reçâlé, et c'est sans doute dans le Reçâlé que l'on veut dire qu'il a commenté le Modawéné.

(*b*) Je suppose que cet Ibn Aby Zomneïn est celui dont El-Hhadjy Mohhammed ben aly ben Mohhammed El-Chatiby dit, dans l'obituaire qui accompagne son Abrégé d'Histoire universelle : « En l'an 399, mourut le jurisconsulte Abou Abd Allah ben Aby Zomneïn, auteur des Ahhkams. » (Manuscrit arabe de la Bibliothèque royale, ancien fonds, n° 616, f° 180.) Ibn Bechcoual, dans son Silé, nous fait connaître que cet Abou Abd Allah ben Aby Zomneïn appartenait à l'Espagne.

(*c*) Abou Saaïd Khalaf ben Abyl-Qâcem El-Azdy El-Beradaayï,

vint classique et il finit par être connu sous le nom d'El-Modawéné. »

Abou Bekr Abd 'Allah, dans son Dictionnaire biographique des savants et des hommes pieux de Qeyraouân et de l'Afrique (a), nous fournit aussi un exposé de l'origine et de la composition du Modawéné.

Suivant ce qu'il rapporte, Aced, étant en Égypte, se rendait chaque matin auprès d'Ibn El-Qâcem pour lui adresser des questions sur la jurisprudence. Il avait soin d'écrire ses réponses, et il en composa un recueil en soixante chapitres, qu'il intitula El-Acedyé, et qu'il porta avec lui à Qeyraouân. Là, Sehhnoun parvint à s'en procurer une copie complète, et se trouvant de la sorte possesseur du recueil, il le soumit, lorsqu'il alla en Égypte, à Ibn El-Qâcem, le retoucha auprès de lui et en fit ainsi,

---

docteur de Saragosse, qui vivait au quatrième siècle. Il fit, sous le titre de Tehdib El-Modawéné, c'est-à-dire polissure du Modawéné, un abrégé de ce livre qui devint classique au plus haut degré. El-Maqary, dans son Histoire d'Espagne (manuscrit arabe de la Bibliothèque royale, ancien fonds, n° 705, f° 43), en dit : « Le livre de jurisprudence sur lequel on se fonde aujourd'hui, que, jusqu'à Alexandrie, les Malekys appellent le Livre, c'est le Tehdib, par El-Beradaayï, de Saragosse.

(a) Manuscrit arabe de la Bibliothèque royale, ancien fonds, n° 752, f° 27.

en quelque façon, un nouveau livre. Ibn El-Qâcem aurait même alors écrit à Aced, en l'invitant à rendre son Modawéné (recueil) conforme au Modawéné de Sehhnoun, et Aced, dominé par des suggestions d'amour-propre, s'y serait refusé. Mais aussi Sehhnoun ayant rapporté son Modawéné à Qeyraouân, ce Modawéné devint bientôt classique dans toute l'Afrique sous le nom de Modawéné de Sehhnoun, et on abandonna l'Acedyé.

On trouve dans l'Ooyoun Et-Tewârikh (sources des histoires), un récit qui concorde, dans la plupart de ses détails, avec le récit d'Abou Bekr (a).

Je ne m'arrêterai pas à discuter ces dires et ces versions; je ferai seulement remarquer qu'il me semble que, si on les rapproche, ils fournissent la constatation d'un fait, savoir, que le Modawéné est un recueil composé d'abord par Aced et ensuite retouché par Sehhnoun.

Quant au Mokhtaletha, il me semble évident aussi qu'il n'est autre chose que l'Acedyé, c'est-à-dire le recueil d'Aced non encore retouché par Sehhnoun, ou, si on l'aime mieux, le

---

(a) Manuscrit arabe de la Bibliothèque royale, ancien fonds, n° 638, f° 97.

Modawéné dans la première phase de son existence. Je supposerai en outre que ce nom de
Mokhtaletha lui aura été donné parce qu'Aced,
qui était versé dans les deux jurisprudences
d'Abou Hhanifa et de Malek, et qui paraît avoir
eu de la prédilection pour la première et s'être
attaché de préférence à la suivre, y aura sans
doute mêlé des propositions hhanefyes aux propositions malekyes. Je crois pouvoir, dans tous
les cas, affirmer qu'il ne nous est resté de ce
livre que le nom.

La seule indication que j'aie pu trouver re- El-Mewâzyé.
lativement à cet ouvrage, m'a été fournie par
ce passage de l'obituaire d'El-Chatiby :

« Dans la neuvième dizaine du troisième siècle, mourut Mohhammed Ibn El-Mewâz, le jurisconsulte, auteur du Mewâzyé. Il mourut en
l'année 281, en Égypte. »

Cet ouvrage a pour auteur Mohhammed ben El-Ootebyé.
Ahhmed ben Abd El-Aaziz El-Ooteby, fameux
jurisconsulte de Cordoue, qui, après avoir été,
à Cordoue, disciple d'Yahhia ben Yahhia, alla
étudier à Queyraouân sous Sehhnoun, et en
Égypte sous Asbagh. Il mourut en l'an 254. Son
Ootebyé est fort classique, quoiqu'il y ait in-

séré, ainsi que nous le dit El-Maqary, dans son Histoire d'Espagne, beaucoup de solutions de cas singuliers, et de dires et de leçons auxquels on refusait de l'authenticité (a).

El-Ouâdhihha, c'est-à-dire Meçâïl Ouâdhihha, propositions évidentes. C'est un des nombreux ouvrages que composa Abou Merouân Abd El-Melik Ibn Hhabib Es-Selemy, docteur de Cordoue, qui jouissait dans son rit d'une grande autorité, et auprès du Kalife, d'un grand crédit. Suivant El-Maqary, Ibn Hhabib mourut en 238, âgé de 53 ans. El-Chatiby place sa mort dans l'année 232.

Je ferai remarquer que Hhadjy Khalfa, écrivain hhanefy, et qui, souvent, a rédigé ses notices sur la bibliographie malekye, qu'il connaissait mal, d'après des indications fort hasardées, donne pour titre à ce livre : El-Ouâdhihha fy yirâb El-Coran, c'est-à-dire El-Ouâdhihha, sur l'analyse grammaticale du Coran; à moins que l'on ne supposât qu'Ibn Hhabib a aussi

El-Ouâdhihha.

(a) Manuscrit arabe de la Biblioth. royale, ancien fonds, n° 704, f° 199. D'après ce que nous dit El-Maqary, de l'Ootebyé, je serais porté à supposer que le manuscrit arabe de la Bibliothèque royale, ancien fonds, n° 525, manuscrit dont les premiers et les derniers feuillets manquent, est une copie de cet ouvrage.

composé un ouvrage sous le titre de Ouâdhihha
fy yirâb El-Coran ; mais, dans tous les cas,
Hhadjy Khalfa ne saurait être excusé d'avoir
ignoré l'existence d'un livre aussi classique que
le Ouâdhihha d'Ibn Hhabib sur la jurisprudence.

Je renvoie, quant au Mokhtaletha, à ce que   El-Mokhtaletha.
j'en ai dit en parlant du Modawéné.

El-Mebçouth, c'est-à-dire l'étendu.   El-Mebçouth.

J'ai dû rejeter comme étant en tous points
erronée la notice que Hhadjy Khalfa donne du
Mebçouth ; en effet, elle est ainsi conçue :

« El-Mebçouth, sur la jurisprudence de Ma-
lek, en neuf volumes, par Mohhammed ben
Mohhammed, connu sous le nom d'Ibn Aarafat
El-Ouarghemy, de Tunis, mort en l'an 458. »

Or, cet Ibn Aarafat vivait au neuvième siècle, et il ne paraît pas même d'ailleurs que,
parmi les ouvrages qu'il a composés, il en existe
un qui porte le titre d'El-Mebçouth.

Yafeyï, dans ses Annales (Man. arabe de la
Bibl. Royale, ancien fonds n° 637, f° 213, v.),
nous fait connaître un Abou Isaac Ismaïl ben
Isaac Ibn Ismaïl, jurisconsulte maleky, Qâdhy
à Baghdad, où il mourut en l'an 282, à l'âge de

83 ans, auteur de divers ouvrages sur les lectures du Coran, la tradition, la jurisprudence, sur les dispositions du Coran, sur les principes ; et des indications que j'ai recueillies autre part, m'autorisent à affirmer que c'est là l'auteur du Mebçouth.

El-Mejmouaa, c'est-à-dire Meçàïl-Medjmouaa (propositions rassemblées).

Nos recueils bibliographiques ne nous font pas même connaître le nom de cet ouvrage. Mohammed ben Aabdous, qui en est l'auteur, ne me semble pas pouvoir être autre qu'Abou Abd Allah Mohhammed ben Ibrahim ben Aabdous, docteur de Qeyraouân, né en 202, mort en 260 ; bien qu'Abou Bekr Abd Allah, qui a consacré, dans son dictionnaire, un article biographique à cet Abou Abd Allah Mohhammed ben Ibrahim ben Aabdous, ne nous dise point qu'il ait composé d'ouvrages.

Abou Amrou Otsman ben Amrou ben Abou Bekr, comme sous le nom de d'Ibn El-Hhâdjeb, docteur maleky né dans la Haute-Égypte en 570, mort au Caire en 646. Il professa et il composa des précis qui sont devenus fort classiques.

Abou Mohhammed Abd Allah Ibn Aby Zeïd El-Qeyraouàny, docteur fameux de Qeyraouàn, où il enseigna et où il mourut en l'an 389 ou 390. Il mérita par sa science, de ses contemporains, le surnom de *petit Malek*. Il est l'auteur d'ouvrages dont un écrivain, que cite Casiri, porte le nombre à plus de cent. Mais son Reçâlé surtout fonda sa renommée et, de tous les livres élémentaires du rit, c'est incontestablement le plus classique. Il y a résumé, en le mettant autant que possible, par l'expression, à la portée du commun des hommes, les articles de croyance, les dispositions principales relatives à chaque point, et les règles les plus essentielles de conduite à tenir, dans toutes les circonstances de la vie, selon les préceptes et l'esprit de la loi. Il en a fait ainsi, à la fois, un catéchisme, un livre d'initiation à la connaissance de la législation, un manuel et de plus un précis d'une grande autorité. Je crois que l'on chercherait en vain dans le rit un autre ouvrage dont il existe autant de copies, et peut-être aussi qui compte autant de commentaires.

Cet ouvrage a pour titre : Tebcira Fy Adâb El-Qedha, c'est-à-dire, indication des devoirs et des règles de conduite de la judicature. Ibn

Ferhhoun, auteur du Tebcira, est, suivant Hhadjy Khalfa, le Qàdhy Borhàn Ibrahim ben Aly ben Abyl-Qàcem ben Mohhammed ben Ferhhoun de Médine, mort en 779.

Khalil ben Isaac.

Si l'on en excepte une mention en quelques lignes qu'Ibn Chohba a consacrée à Khalil dans ses Annales (a) et la courte notice de son précis, que renferme le Dictionnaire bibliographique de Hhadjy Khalfa, c'est à peine si son nom est quelquefois cité dans les ouvrages que nous possédons ; et ce n'est qu'à la communication qui me fut un jour donnée d'un fragment de manuscrit d'un livre ayant pour titre : *le Jardin, sur la mention des Savants et des Saints de Tlemcen*, que j'ai dû d'avoir un ensemble de détails sur sa vie et ses travaux. Je ne trouvai en effet, dans ce livre, rien moins qu'une longue biographie de Khalil; j'obtins l'autorisation de la transcrire, et l'on me pardonnera, à raison de l'illustration de ce docteur et de l'importance de ses œuvres, surtout de son précis, de la reproduire ici dans son entier ; la voici :

« Parmi les docteurs de Tlemcen, je n'en ai

______

(a) Manuscrit arabe de la Bibliothèque royale, ancien fonds, n° 643, f° 180.

trouvé aucun du nom de Khalil, mais je vais consacrer dans mon livre une place à Khalil, auteur du Taoudhihh (mise en évidence) (a) et du Mokhtecer (précis), désireux de participer aux bénédictions qui sont en lui. »

« Khalil ben Isaac ben Mouça ben Chaïb (b), connu sous la dénomination d'El-Djondy (le Milicien), l'éclat de la religion, le père de l'affection, l'Iman, le savant, le docteur illustre qui joignait la pratique à la science, la règle, l'autorité, l'intelligence profonde, le porte-étendard du rit. Ibn Ferhhoun a fait mention de lui dans l'Asl (c); il y dit : »

« Il portait l'uniforme de la hhalqa victorieuse (d), dont son père faisait partie. C'était un

---

(a) Je n'ai pu me procurer que de vagues indications relativement à cet ouvrage.

(b) Peut-être faudrait-il lire *Choaïb*. Je ferai ici remarquer que D'Herbelot, et après lui, et aussi sûrement d'après lui, Casiri, ont dit que Khalil était Espagnol. Je suppose qu'ils l'ont confondu avec un autre Khalil ben Isaac, auteur d'un traité célèbre de théologie, et qui appartenait en effet à l'Espagne.

(c) El-Asl, c'est apparemment le titre d'un livre composé par Ibn Ferhhoun.

(d) La hhalqa était une milice d'Égypte. Si elle avait mérité, au temps de Khalil, l'épithète de victorieuse, elle était bien dégénérée au temps d'El-Maqrizy, car cet historien dit qu'elle n'était bonne à rien « et que mille hommes de cette milice ou un seul c'était la même chose. »

homme austère, se tenant à l'écart de ceux qui
aiment les biens du monde, joignant la pratique
à la science et cherchant à les propager. Je le
vis au Caire et j'assistai à son cours, où il ensei-
gnait la jurisprudence, la tradition et l'a-
rabe (a). Il tenait le premier rang parmi les
ulémas du Caire, on était unanime à reconnaître son mérite et sa religion, et on avait en
lui une autorité précieuse; il savait remonter
aux principes, son esprit était profond et sa discussion solide, il était versé à la fois dans la
jurisprudence, l'arabe et les successions, il ex-
cellait dans la doctrine, et il reproduisait avec
exactitude. Dieu fit de lui une cause d'utilité
pour les musulmans; on lui doit sur Ibn El-
Hhâdjeb un bon commentaire, qui fut accueilli
avec faveur, et qu'on s'appliqua à apprendre;
on lui doit un précis du rit, dans lequel la jurisprudence généralement professée et admise
sans conteste comme telle, se trouve exposée;
ce précis renferme un nombre infini de fer'aas

(a) Je crois que, par ce mot *l'arabe* (El-Arabyé), Ibn Ferhhoun
entend les sciences arabes (El-Ooloum El-Arabyé), qui sont,
comme l'on sait, la lexicologie, la grammaire, la rhétorique et
la littérature, et qu'il ne veut pas désigner seulement la grammaire.

présentés avec une éloquente concision, et il fut
adopté par les étudiants, qui en firent l'objet de
leur étude. Ses actes étaient dirigés dans des
voies pieuses; il fit le pèlerinage, séjourna dans
les lieux saints, et il composa un rituel du pèlerinage dont les observations sont utiles. »

« Ici finit ma citation d'Ibn Ferhhoun , citation que j'ai faite en résumé. »

« Ibn Hhadjer a dit dans les Perles cachées (a) : »

« Il entendit Ibn Abd El-Hàdi ; il lut sous
Er-Rachidy dans l'arabe et les principes, et
sous le Cheïkh El-Menoufy dans l'attribut des
Malekys (b); et après la mort de ce dernier, il
se mit à enseigner, et plusieurs devinrent ha-
biles sous lui. Ensuite il professa dans l'école

(a) Des citations qu'a faites Ibn El-Ayas de ce livre , dans son
histoire intitulée « Beautés piquantes des fleurs, sur les événements
des temps » (manuscrit arabe de la Bibliothèque royale, ancien
fonds, n° 595) , m'ont fait connaître que c'était une biographie
ayant pour titre : *Les Perles cachées, sur les Personnages du
huitième siècle.*

(b) « L'attribut des Malekys, » c'est-à-dire sans doute, la jurisprudence malekye, ou peut-être seulement ce qui distinguait cette
jurisprudence des trois autres.

Que l'on me pardonne cette expression : « Il lut dans l'a-
rabe, etc., » elle est peu française, mais el rend au moins fidè-
lement l'expression du texte.

d'El-Cheïkhounyé (*a*), il donna des fétouas et
fut utile aux hommes ; et il ne quitta point l'u-
niforme de la milice. Il y avait en lui fidélité
stricte au devoir, il s'abstenait de tout ce qui
n'était pas permis, et avait un haut désintéres-
sement. Il a commenté Ibn El-Hhâdjeb en six
volumes ; il composa son commentaire d'un
choix qu'il fit dans Ibn Abd Es-Selâm, en y
ajoutant l'indication des autorités dont émanaient les dires, et l'explication de ce qu'Ibn Abd
Es-Selâm offrait d'obscur. Il est l'auteur d'un
précis de jurisprudence, dans lequel il a suivi la
méthode d'exposition en usage. Il a fait aussi
une biographie de son professeur El-Menoufy,
qui montre la connaissance qu'il avait des principes. Son père appartenait au rit hhanefy ; il
fréquentait le Cheïkh Abou Abd Allah, et il
avait foi en lui, et son fils se forma au rit maleky à cause de ce docteur. Ici finit ma citation
d'Ibn Hhadjer. »

« L'Iman Aboul-Fadhl ben Merzouq El-Hha-
fid a rapporté ce qui suit : « J'ai entendu dire
à diverses personnes avec lesquelles je me suis

(*a*) École située hors du Caire et nommée El-Cheïkhounyé du
nom de l'Émir Seïf Ed-Din Cheïkhou, qui la fonda vers l'an 756 et la
dota de riches revenus.

trouvé en Égypte et ailleurs, que Khalil était
un homme plein de vertu et de religion, et qu'il
s'adonnait à la science avec une application telle
que quelquefois il ne prenait qu'un court instant de sommeil après le lever de l'aurore, afin
de se reposer des fatigues de la lecture et de l'é-
tude des livres. Il était le professeur des Malekys
dans l'école d'El-Cheïkhounyé, qui est la plus
grande école de l'Égypte; il avait d'autres bé-
néfices qui étaient accessoires à celui-là, et il
jouissait des émoluments de milicien parce que
ses aïeux appartenaient à la milice. L'Iman, le
savant illustre, qui savait remonter anx principes, l'homme au mérite éminent, Nàcer Ed-
Din Et-Tenecy, grand juge à Misr et à Alexandrie, m'a raconté qu'il s'était trouvé avec
Khalil à l'époque de la prise d'Alexandrie, en
l'an 770, et que Khalil venait du Caire avec
l'armée qui était en marche pour en chasser les
infidèles. « Il mit, dit-il, mon intelligence à
l'épreuve par cette proposition d'Ibn El-Hhâdjeb : Le change à crédit et le change de la dette
échue sont valables contre l'opinion d'Ach'heb.»
Au nombre de ses ouvrages est un commentaire
d'Ibn El-Hhâdjeb, commentaire dans lequel la
bénédiction fut mise et que l'on accueillit avec
faveur. La bonté de son esprit s'y fait remar-

quer; il s'y applique à indiquer les autorités dont émanent les dires, et il s'y appuie fréquemment sur les opinions adoptées par Ibn Abd Es-Selâm, sur ses citations, sur ses discussions; ce qui montre qu'il appréciait la valeur de l'homme, et il n'y a que le mérite qui sache reconnaître le mérite. J'ai vu un fragment de commentaire de l'Alfya d'Ibn Malek, qui faisait, dit-on, partie de ses œuvres. » Ici finit ma citation d'Aboul-Fadhl. »

« Il commenta le Modawéné; mais il ne termina pas son commentaire, il ne le continua que jusqu'au livre du pèlerinage. »

« Ibn Ghâzy a dit : « C'était un savant qui se livrait au travail avec une assiduité telle que l'on rapporte qu'il fut à vingt ans à Misr sans voir le Nil. On raconte encore qu'étant un jour venu à la demeure de l'un de ses professeurs, il y trouva la fosse d'aisances ouverte, et le professeur était absent. Il s'en informa; on lui répondit que le curage de cette fosse ayant été trop pénible pour lui, il était allé chercher quelqu'un pour la curer moyennant salaire; « mais c'est plutôt à moi à le faire, » répliqua-t-il, et il releva ses vêtements et descendit dans la fosse pour la curer. Le professeur arrivant ensuite, le trouva de la sorte livré à ce travail, et du

monde s'était amassé autour de la fosse et le
regardait en s'émerveillant de son action. Il demanda qui c'était, et quand on lui eut appris
que c'était Khalil, il fut saisi d'admiration et il
se répandit en vœux pour lui avec foi d'esprit et
de cœur. Khalil recueillit le fruit de ses vœux
et Dieu mit la bénédiction dans sa vie. Notre
professeur Abou Zeïd El-Kâouâly nous a raconté,
d'après des personnes qui avaient vu Khalil en
Égypte, qu'il portait des vêtements courts (a)...
et il commandait de faire le bien et d'éviter le
mal (b). J'ai entendu notre professeur El-Hhâ-
fedh El-Ghoury dire que Khalil avait le don
de deviner les choses cachées, et que passant un
jour auprès d'un marchand de viandes cuites,
qui trompait en vendant des viandes d'animaux
non égorgés, il avait deviné le fait, et qu'il lui
avait fait faire l'aveu et l'abjuration de sa faute. »
Ici finit ma citation d'Ibn Ghâzy. »

(a) Il y a ici dans le manuscrit deux mots écrits de telle sorte
qu'ils ne présentent aucun sens.

(b) Inviter à faire le bien et à éviter le mal, avertir ceux qui manquent à leurs devoirs, est une obligation imposée par la loi ; mais
c'est une obligation kefayï, c'est-à-dire une obligation que l'on
est dispensé d'accomplir lorsque d'autres s'en acquittent d'une manière suffisante. On est encore dispensé d'accomplir cette obligation, quand on n'a pas l'opinion que les invitations que l'on fera,
que les avertissements que l'on donnera, produiront quelque effet.

« Si je ne me trompe, j'aurai vu cette anecdote du marchand de viandes cuites dans la
biographie d'El-Menoufy ; autant que je puis
m'en souvenir, Khalil l'y rapporte dans la partie
consacrée à faire connaître les traits qui distin-
guèrent son professeur. »

« Et-Tetayi raconte, dans son commentaire
d'après Ibn El-Forât, que Khalil apparut en
songe après sa mort, qu'on lui demanda ce que
lui avait fait éprouver Dieu, et qu'il répondit :
« Il m'a pardonné, ainsi qu'à tous ceux qui ont
appelé ses bénédictions sur moi. »

« Dieu donna du succès à son Mokhtecer et à
son Taoudhihh ; on s'est appliqué à les étudier
en Orient et en Occident, et même, en ces derniers temps, les choses en sont venues au point
que, dans notre contrée du Maghreb, à Maroc,
à Fez et ailleurs, on se borne au Mokhtecer, de
sorte que c'est à peine si vous y voyez quelqu'un
lire le Modawéné ou Ibn El-Hhâdjeb comme
livre de principes ; ils ne les lisent pas du tout,
ils s'en tiennent au Reçâlé et au Mokhtecer, ce
qui indique que la science s'efface et disparaît. »

« Quant au Taoudhihh, c'est un livre fort ré-
pandu en Orient et en Occident, et parmi ses
commentaires, tout nombreux qu'ils sont, on
n'en trouve point qui présente autant d'utilité

ni qui soit plus classique que lui. Les Imans du Maghreb, disciples d'Ibn Aarafat, tels qu'Ibn Nàdjy et autres, lesquels sont fidèles observateurs de la jurisprudence du rit, se fondent sur ce livre, ce qui suffit pour prouver de quelle autorité il jouit. »

« On raconte du savant illustre Nàcer Ed-Din El-Leqâny, que, lorsqu'on venait lui opposer des propositions émanées d'un autre que Khalil, il disait : « Nous sommes des Khalils (a); » exprimant ainsi combien il s'attachait à suivre l'enseignement de ce docteur. »

« Le Cheïkh Ibn Ghâzy a fait du Mokhtecer un éloge pompeux : « C'est, dit-il, une chose précieuse entre les choses précieuses; c'est un des livres les plus dignes d'être lus avec assiduité, et il est devenu l'objet de l'étude des hommes sagaces; car le fonds en est riche et l'expression féconde; il fait connaître la jurisprudence selon laquelle se donnent les fétouas, et, entre les opinions différentes qui peuvent être puisées aux arguments, la plus fondée; il résume avec la concision la plus stricte et la plus correcte, et une puissance de talent s'y fait remarquer

––––––––––

(a) Khalil, en arabe, signifie ami.

dans l'enchainement et l'ordre de l'exposition ; il est unique dans son genre, et qui que ce soit n'en a composé un autre qui lui puisse être comparé. » Ici finit ma citation d'Ibn Ghâzy. »

« Les commentaires, les livres d'annotations sur le Mokhtecer, sont devenus nombreux à ce point que l'on en compte plus de soixante. J'en ai, quant à moi, entrepris un commentaire dans lequel je résume ce que m'ont paru fournir d'utile ceux de ces ouvrages que j'ai vus, c'est-à-dire plus de dix. S'il était terminé, il pourrait tenir lieu d'une foule d'autres. Dieu m'aide à le finir et le rende profitable. »

« Quant à la mort de Khalil, Ibn Merzouq a dit : « Le professeur, le jurisconsulte, le Qâdhy Nâcer Ed-Din El-Ishhâouy, qui était un des disciples de Khalil et l'un de ceux qui savaient par cœur son Mokhtecer, m'a dit que Khalil était mort le 13 du mois de Rebii El-Ewel de l'an 776, et qu'il n'avait mis son Mokhtecer au net que jusqu'au chapitre du mariage, que le reste fut trouvé dans sa succession sur des feuilles détachées, à l'état de brouillon, que ses disciples le recueillirent, l'ajoutèrent à ce qui déjà avait été mis au net, et que, de la sorte, le livre fut complet. Ibn Ghàzy et d'autres ont donné une version dans le même sens. Mais Ibn

Hhadjer, lui, place la mort de Khalil dans l'année 767, et le savant illustre, qui savait remonter aux principes, Sidi Mohhammed El-Hhetthâb, a dit que c'était là la vérité. »

« Quant à moi, je prétends au contraire que la vérité est dans le dire rapporté par Ibn Merzouq, et émanant de l'un des disciples de Khalil, lequel connaissait mieux le fait qu'Ibn Hhadjer, car il avait vécu auprès de Khalil et il avait été présent à sa mort. De plus, on raconte que Khalil, s'étant emporté dans une dispute qui s'éleva entre lui et le Chérif Ez-Zehouny, au sujet d'une proposition, maudit Ez-Zehouny, et que celui-ci mourut quelques jours après. Or, au témoignage d'Ibn Hhadjer, Ibn Ferhhoun et autres ont dit que la mort d'Ez-Zehouny eut lieu en l'an 79; il est donc reconnu que Khalil vivait à cette époque. De plus encore, j'ai entendu notre professeur, le savant illustre Sidi Mohhammed ben Sidi Mahhmoud El-Ouenkery, rapporter d'après l'un des professeurs de l'Égypte, que ces professeurs avaient dit que Khalil avait passé vingt-cinq ans à composer le Mokhtecer; d'un autre côté, Khalil dit, dans la biographie de son professeur El-Menoufy, que ce dernier était mort en l'an 749, et que lui, alors, ne connaissait pas encore le Recâlé, c'est à-dire ne le connaissait pas d'une manière complète. Or, après cela, pour admettre qu'il a travaillé vingt-cinq ans à à la composition du Mokhtecer, il faut nécessairement supposer qu'il a commencé après l'année 750, et que c'est en l'année 776 qu'il est mort. Que l'on pèse cela; Dieu au surplus sait mieux la vérité. »

« J'ai lu nombre de fois son Mokthecer sous notre professeur le jurisconsulte Mohhammed ben Mahhmoud, ci-dessus mentionné, et il me donna licence pour le transmettre, ainsi que pour transmettre tout ce pour la transmission de quoi il avait licence. Lui, il l'avait lu sous son père et sous notre Seyid Ahmed ben Saaïd; et son père et notre Seyid Ahmed ben Saaïd l'avaient, ainsi que mon père, appris sous Sidi Mahhmoud ben Omar; celui-ci sous Otsman le Maghreby; Otsman le Maghreby sous En-Nour El-Senhoury; En-Nour El-Senhoury sous El-Chems El-Becâthy; celui-ci sous un disciple de Khalil, lequel l'avait appris sous son maître. »
« Extrait du livre intitulé Nil El-Ibtihâdj be thariq Ed-Dibâdj (*a*). »

(*a*) Cela veut dire obtention ou filon de l'allégresse dans le chemin du Dibâdj. Le Dibâhj est une étoffe de soie.

Ouvrages composés sur le Précis du Khalil.

De tous les ouvrages composés sur le précis
de Khalil, deux seulement, postérieurs à la
plupart des autres, me sont connus, et même
je possède un manuscrit de chacun d'eux; ce
sont le Commentaire d'Abd El-Bàqy Ez-Zorqâny
et les Annotations d'El-Emir. J'ai pu toutefois apprendre que le Commentaire d'El-Kherchy était
le plus simple, le plus élémentaire, le plus facile, et par conséquent aussi le Commentaire
classique des campagnes, et celui qu'étudient
en général les hommes peu lettrés.

Le Commentaire d'Abd El-Bàqy, au contraire,
donne la raison, remonte aux principes, aux
causes, discute; il a recours, pour expliquer le
sens de son texte, à l'analyse grammaticale ou
logique, et l'intelligence en suppose des études
assez avancées. Il offre en outre l'avantage de
faire connaître et de comparer les opinions et les
interprétations différentes émises dans les Commentaires qui l'ont précédé; et à ces divers
titres, et quoique d'ailleurs les incorrections y
soient fréquentes (car la mort surprit son auteur avant qu'il ait eu le temps d'y mettre la
dernière main, et il le laissa à l'état de brouillon), il est celui que sont convenues d'adopter

les personnes instruites. Il se compose de quatre volumes, et il fut écrit au dixième siècle. Je crois qu'Abd El-Bâqy vécut en Égypte; du moins diverses énonciations de son ouvrage m'autorisent à le supposer.

Le Cheïkh Mohhammed Ibn Mohhammed Ibn Ahhmed ben Abd El-Qâder ben Mohhammed El-Emir, né en Égypte, y vécut et y enseigna dans le douzième siècle. Les annotations qu'il a ajoutées au précis de Khalil sont courtes, quelquefois rares, et la concision en égale presque celle du texte, qu'elles sont, du reste, loin de suffire à expliquer; le plus souvent elles ne font qu'en fixer ou compléter le sens par un seul mot. Néanmoins elles sont fort classiques. J'ai bien lu quelque part qu'elles avaient été écrites dans le but de suppléer à l'incorrection du Commentaire d'Abd El-Bâqy; mais cela ne m'a pas paru indiqué par ces annotations elles-mêmes, ni surtout par la préface qui les précède.

Je n'entrerai pas plus avant dans le détail de la bibliographie malekye, bibliographie dont il m'eût été, dans tous les cas, impossible de donner un tableau complet, car le nombre des digestes qu'elle compte est infini, et il en est sans doute beaucoup dont on chercherait en vain même les noms, dans les manuscrits dont se composent nos collections. Il ne me restera plus, avant de terminer ce préliminaire, qu'à y ajouter une observation sur la deuxième partie de mon travail :

Le Recâlé n'est qu'un abrégé fort concis, se bornant à énoncer la disposition, le plus souvent, seulement à l'indiquer, et la présentant toujours isolée de la plupart de celles qui s'y lient intimement et qui en déterminent le rapport avec le système général et l'esprit de la loi. Aussi, est-il loin de former par lui-même un exposé lucide et surtout complet; et pour être compris des Arabes, lorsque déjà ils ne sont pas versés dans la science de la jurisprudence, il a besoin de leur. être expliqué. On conçoit aisément qu'une traduction française avait, à plus forte raison, besoin d'en être expliquée à des Français; car nous, c'est à la connaissance d'un ordre de choses tout nouveau qu'il vient nous initier, c'est comme un monde inconnu qu'il nous révèle, et l'idée qu'y recouvre chaque mot, renferme en quelque sorte pour nous une énigme. Il m'était donc indispensable, en offrant une traduction d'un chapitre de ce livre, d'y joindre des annotations explicatives.

Une foule de docteurs l'ont, comme je l'ai dit, commenté; mais nous n'avons aucun de leurs ouvrages, et ma traduction et mes annotations, dont, avec un pareil secours, le travail m'eût été facile, sont ainsi devenues pour moi une tâche qu'il paraîtra peut-être téméraire que j'aie entreprise.

Cette tâche néanmoins, j'ai osé l'aborder et j'ai espéré que l'étude que j'avais faite de la matière dans d'autres digestes, me donnerait la possibilité de la remplir. Afin d'y conjurer, autant que je le pourrais, toute erreur, je me suis efforcé de reproduire littéralement, dans ma traduction, l'expression du texte, et quand j'ai eu un doute sur le sens d'un mot ou d'un passage, je l'ai exposé. Dans mes annotations, j'ai suivi Khalil, Abd El-Bàqy et El-Emir, et c'est en conséquence à ces docteurs surtout qu'appartiennent, sinon la forme, du moins, quant au fonds, les explications et observations dont elles se composent; les autres livres ne m'ont guère été utiles que pour quelques éclaircissements.

LÉGISLATION CRIMINELLE.

EXTRAIT DU REÇALÉ

D'ABOU MOHHAMMED ABD ALLAH

IBN ABY ZEID EL QEYRAOUANY (*a*).

CHAPITRE DES DISPOSITIONS DE LA LOI
RELATIVES AUX MEURTRES, AUX BLESSURES ET AUX HHADDS (*b*).

On ne met à mort une personne pour avoir

(*a*) Manuscrit arabe de la Bibl. R. ancien fonds n° 526.

(*b*) Il est indispensable pour l'intelligence de ce chapitre, que j'offre ici quelques notions préliminaires :

Le mot hhadd (pluriel hhodoud) signifie, dans le langage ordinaire, limite, définition. En jurisprudence, il sert à désigner les peines définies, déterminées par la loi, dont elle a fixé elle-même le mode et la mesure, de telle sorte qu'il est interdit au magistrat de les modifier, d'y rien ajouter ni d'en rien retrancher. Ainsi, dans le cas de qadf, par exemple, il ne peut être infligé ni plus ni moins de 80 coups de courroie; dans le cas de vol, on ne peut restreindre à une partie de la main, ni étendre jusqu'au coude, l'amputation que doit subir le coupable; de même qu'on ne peut substituer à l'amputation aucune autre peine.

Dans le châtiment correctionnel, au contraire, en arabe tadib ou taazir, le magistrat détermine le mode et la mesure de la correction, d'après l'appréciation qu'il a faite de la gravité de la faute, de l'opportunité de la répression, de la situation physique, morale et sociale du délinquant.

Les moyens généraux de châtiment correctionnel mis par la loi

ôté la vie à une autre, qu'autant qu'il y a témoins aad'ls, aveu ou qeçàmé.

à la disposition du magistrat, sont le blâme, l'humiliation corpo-
relle, l'emprisonnement et les coups.

On peut se servir pour frapper, dans le châtiment correctionnel,
soit de la courroie dont on doit faire usage pour les bhadds, soit
d'un autre instrument, et le nombre des coups y peut même excéder le nombre des coups du hbadd.

Il y a lieu à châtiment correctionnel pour toutes les fautes
simples; je veux dire pour toutes celles dont la loi n'a pas elle-
même déterminé la peine; telles seront l'infraction à la loi du
jeûne ou de la prière, les injures qui n'ont pas le caractère de
qadf, l'ikhtilâs, etc.

L'homicide est de deux sortes, savoir : l'homicide intentionnel ,
en arabe qatl el-aàmd, et l'homicide par imprudence, en arabe
qatl el-khetha.

L'homicide intentionnel consiste, en général, à commettre sur la
personne d'un individu, dans un sentiment de colère ou d'inimitié,
un attentat qui cause sa mort, quand même d'ailleurs, on ne se serait point proposé de lui donner la mort.

Ainsi il y a homicide intentionnel toutes les fois que l'on a causé
la mort d'un individu en le frappant dans un sentiment de colère
ou d'inimitié, même lorsque les coups de l'instrument dont on s'est
servi ne sont pas de nature à donner ordinairement la mort,
comme si, par exemple, on l'avait frappé avec une baguette.

La poursuite de l'homicide intentionnel est réservée exclusive-
ment par la loi aux aâcibs de la victime.

Ce que nous entendons par homicide intentionnel, c'est l'homicide intentionnel simple, je veux dire l'homicide intentionnel autre
que l'homicide de ghilé et l'homicide de brigandage. Quant à l'homicide de ghilé et à l'homicide de brigandage, ils sont, ainsi qu'on
le verra, l'objet de dispositions particulières, ils donnent lieu à

Quand il y a lieu à qeçàmé, les proches pré-

---

une action d'une nature différente, et la poursuite en appartient d'office à l'Iman.

L'homicide de ghilé, c'est l'assassinat commis pour voler et surtout l'assassinat clandestin.

Le mot Iman devra s'entendre du chef du gouvernement ou de celui qui le représente.

Les aâcibs, que l'on appelle encore aacebé, ce sont :

1° Les fils, les fils de fils, les fils de fils de fils, et ainsi de suite ;

Le père, l'aïeul père du père, l'aïeul père du père du père, et ainsi de suite ;

Les frères germains et consanguins, leurs fils, les fils de leurs fils, et ainsi de suite ;

Les frères germains et consanguins du père, leurs fils, les fils de leurs fils, et ainsi de suite ;

Les frères germains et consanguins de l'aïcul père du père, leurs fils, les fils de leurs fils, et ainsi de suite ;

Les frères germains et consanguins de l'aïeul père du père du père, etc., et ainsi de suite jusqu'à l'infini.

2° Les patrons, l'affranchissement établissant, selon les paroles du prophète, un lien semblable à celui de la parenté.

3° Les filles, les filles de fils, les filles de fils de fils, la mère, les sœurs germaines et consanguines et l'aïeule mère du père.

La peine de l'homicide intentionnel, à l'exception du cas où le coupable est supérieur par la religion ou même seulement par la liberté, à la victime, est le talion ; de telle sorte que les aâcibs n'ont le droit de requérir contre le coupable l'application d'aucune autre peine, de même aussi qu'ils ne peuvent le contraindre à se rédimer du talion par le payement du dié, ou d'une somme plus forte ou moindre que le dié, à moins qu'il ne s'y soit obligé par une transaction.

Le mot dié, dans son sens technique, signifie la somme fixée par la loi pour la réparation de l'homicide commis sur un individu li-

tent cinquante serments, et la réparation de

---

bre ou d'un dommage complet qui lui a été causé dans sa personne. Dans un sens moins restreint, il sert à désigner la somme due pour un homicide commis sur un individu libre ou esclave, ou pour tout dommage qui lui a été causé dans sa personne.

La preuve de l'homicide intentionnel ne peut être établie que par l'affirmation de deux aad'ls du sexe masculin, ou par aveu, ou par qeçâmé.

On entend par aad'ls ceux qui possèdent l'aadâlé et dont le témoignage peut par conséquent faire foi.

L'aadâlé consiste, pour les individus appelés à prêter témoignage en justice, à être libres, pubères, musulmans, à avoir la crainte de Dieu et la dignité de soi-même.

L'homicide par imprudence donne lieu à une réparation pécuniaire qui consiste dans le payement du dié.

La poursuite en appartient aux héritiers du défunt, aâcibs ou non aâcibs.

Il se prouve par l'affirmation de deux aad'ls du sexe masculin, ou d'un aad'l du sexe masculin et de deux aad'ls du sexe féminin, ou par aveu, ou par qeçâmé.

On entend par qeçâmé cinquante serments que sont admis à prêter les aâcibs mâles du défunt dans le cas d'homicide intentionnel, et ses héritiers hommes ou femmes dans le cas d'homicide par imprudence, sous des conditions qui seront exposées.

La peine des blessures intentionnelles est, sauf exception, le talion.

Les blessures par imprudence donnent lieu à une réparation pécuniaire consistant, selon les cas, dans le payement de la totalité du dié, ou d'une quotité du dié fixée par la loi ou que l'on fixe par appréciation d'après des bases que la loi détermine.

Les blessures par imprudence et celles des blessures intentionnelles qui ne donnent pas lieu à l'application du talion, se prouvent par aveu, ou par l'affirmation de deux aad'ls du sexe mascu-

l'homicide leur est acquise (a).

Dans le cas d'homicide intentionnel, les serments du qeçâmé ne sont pas prêtés par moins de deux hommes.

On ne met à mort, en vertu du qeçâmé, qu'une seule personne.

Il n'y a lieu à qeçâmé qu'autant que le défunt a dit : « Un tel a versé mon sang; » ou qu'un temoin déclare avoir vu donner la mort; ou

---

lin, ou par l'affirmation d'un aad'l du sexe masculin et de deux aad'ls du sexe féminin, ou par l'affirmation d'un aad'l du sexe masculin avec le serment du demandeur, ou par l'affirmation de deux aad'ls du sexe féminin avec le serment du demandeur.

Quant aux blessures intentionnelles qui donnent lieu à l'application du talión, elles ne se prouvent que par aveu, ou par l'affirmation de deux aad'ls du sexe masculin, ou par l'affirmation d'un aad'l du sexe masculin avec le serment du demandeur.

Les matières de ce chapitre s'y trouvent rangées, à quelques transpositions près, dans l'ordre suivant :

1° L'homicide et les blessures.

2° L'apostasie.

3° Le brigandage.

4° La fornication.

5° Le qadf.

6° L'usage du vin.

7° Le vol.

(a) « Les proches prêtent cinquante serments » , c'est-à-dire les aâcibs mâles seulement, dans le cas d'homicide intentionnel, et les héritiers hommes ou femmes, aâcibs ou non aâcibs, dans le cas d'homicide par imprudence.

que deux témoins déclarent avoir vu faire la blessure, et qu'après cette blessure, la victime a vécu, bu et mangé (*a*).

(*a*) Ibn Aby Zeïd s'est borné, dans ce passage, à offrir trois exemples des nombreux cas dans lesquels il y a lieu à qeçâmé, sans d'ailleurs faire connaître la règle générale à laquelle ces cas sont assujettis. Or, cette règle, la voici :

Il y a lieu à qeçâmé quand il y a *louts*, c'est-à-dire *circonstance fournissant présomption grave de la vérité de l'affirmation du demandeur;* d'où il résulte que, hors de là, il n'y a pas lieu à qeçâmé, en ce sens que, s'il n'existe pas de louts, les proches ne peuvent être admis à prêter les serments du qeçâmé, et que, s'il y a plus que louts, c'est-à-dire non plus seulement présomption grave, mais preuve, il est inutile pour eux de prêter les serments du qeçâmé. C'est ce qui arriverait si, dans le troisième des cas que suppose Ibn Aby Zeïd, la victime, au lieu d'avoir, après sa blessure, vécu, bu et mangé, était morte instantanément; ou si, dans l'intervalle qui se serait écoulé entre l'instant de la blessure et celui de la mort, son état était demeuré tel qu'il ne permît pas de douter que la mort n'ait été le résultat de la blessure; alors l'homicide se trouverait prouvé par l'affirmation des deux témoins de la blessure, et la réparation de l'homicide serait acquise sans qeçâmé.

De même encore, si, de deux personnes entre lesquelles existerait de l'inimitié, l'une menaçait l'autre avec un sabre; que celle-ci prît la fuite et que, poursuivie par l'autre, elle mourût en fuyant, mais sans tomber, qu'elle mourût, par exemple, en s'appuyant sur un objet, la preuve de l'homicide intentionnel se trouverait établie, sans que les aâcibs eussent besoin de prêter les serments du qeçâmé.

Si, au contraire, la personne poursuivie était morte en tombant, il n'y aurait plus alors preuve de l'homicide, il n'y aurait plus que louts, par la raison qu'il serait possible que la chute eût causé la

Quand ceux qui poursuivent la réparation de l'homicide, refusent de jurer, les accusés prêtent cinquante serments ; et si l'aàcib ne trouve aucun de ses aâcibs pour jurer avec lui, de sorte qu'il n'y ait pour jurer que lui et l'accusé, celui-ci prête cinquante serments. Si l'homicide était imputé à plusieurs individus, chacun d'eux prêterait cinquante serments (*a*).

---

mort, et la réparation ne pourrait, en conséquence, être acquise qu'après qeçâmé.

(*a*) Il n'est question dans ce passage que de l'homicide intentionnel.

« Quand ceux qui poursuivent la réparation de l'homicide refusent de jurer, etc. » Le droit de prêter les serments du qeçâmé, dans le cas d'homicide intentionnel, appartient aux aâcibs mâles, à l'exclusion des femmes, ainsi que le dit plus loin Ibn Aby Zeïd, et parmi les aâcibs mâles, il appartient d'abord aux plus proches et dans l'ordre suivant, savoir : aux fils, puis au père, puis à l'aïeul conjointement avec les frères, puis aux fils de frères, etc. Or, lorsque les aâcibs auxquels le droit de prêter les serments du qeçâmé est ainsi dévolu, ou même un seul d'entre eux, refusent de jurer, il n'y a plus lieu à appliquer le talion ; et l'on se borne alors à référer les serments aux accusés, lesquels d'ailleurs, soit qu'ils consentent ou qu'ils se refusent à les prêter, demeurent soumis, à cause de l'existence du *louts* à leur charge, à l'application de la peine de cent coups de courroie et d'une année d'emprisonnement.

« Et si l'aâcib ne trouve aucun de ses aâcibs pour jurer avec lui, etc. » Pour comprendre ceci, il faut se rappeler que les serments du qeçâmé de l'homicide intentionnel ne peuvent être prêtés par moins de deux aâcibs mâles ; il faut savoir, en outre, que la loi

Dans la poursuite de l'homicide intentionnel, cinquante aâcibs mâles prêtent cinquante ser-

---

laisse à ceux des aâcibs auxquels est dévolu le droit de prêter les serments du qeçâmé en matière d'homicide intentionnel, la faculté d'appeler à les *aider* à prêter ces serments, c'est-à-dire à en prêter avec eux une partie, soit d'autres aâcibs de la victime venant après eux dans l'ordre de proximité, soit de leurs propres aâcibs qui n'auraient d'ailleurs aucun rapport de parenté avec la victime. Or, Ibn Aby Zeïd suppose ici le cas où il y aurait pour l'aâcib nécessité d'appeler ainsi de l'*aide*, ou, en d'autres termes, le cas où le droit de prêter les serments du qeçâmé se trouverait déféré par la loi à un seul aâcib ; et le sens de ce qu'il dit est que si alors cet aâcib ne trouve aucun des aâcibs de la victime, ni même aucun de ses propres aâcibs, qui consente à jurer avec lui, il n'y a plus lieu qu'à référer les serments aux accusés, dont chacun, ajoute-t-il, prête cinquante serments.

Voici un exemple d'un cas de ce genre :

Il existe à la charge d'un individu non pas preuve, mais *louts*, d'avoir volontairement donné la mort à une femme ;

Cette femme a laissé pour aâcibs son père, un fils unique et des frères germains ; d'un autre côté, son mari, père de son fils, est vivant, et a des frères consanguins.

Le droit de poursuivre la réparation de l'homicide et de prêter les serments du qeçâmé, appartient au fils en sa qualité d'aâcib le plus proche ; mais comme les serments du qeçâmé ne peuvent être prêtés par moins de deux hommes, il devra, soit parmi les aâcibs de sa mère, savoir, le père et les frères germains de sa mère ; soit parmi ses propres aâcibs, savoir, son père et les frères consanguins de son père, chercher quelqu'un qui consente à jurer avec lui ; et si aucun d'eux ne consent à le faire, il n'y aura plus lieu qu'à référer les serments à l'accusé, et à lui infliger la peine de cent coups de courroie et d'une année d'emprisonnement.

ments. S'ils sont en nombre moindre de cinquante, on fait entre eux la répartition des serments à prêter. La femme ne prend point part à la prestation des serments du qeçâmé de l'homicide intentionuel (*a*).

Dans le qeçâmé de l'homicide par imprudence, les héritiers, hommes ou femmes, prêtent les serments dans la proportion pour laquelle ils héritent du dié ; et si un serment doit se fractionner entre eux, il est prêté par celui auquel la fraction la plus considérable en est échue (*b*).

(*a*) En matière d'homicide intentionnel, de même que les serments du qeçâmé ne peuvent, ainsi qu'on la vu, être prêtés par moins de deux hommes, ils ne peuvent non plus être prêtés par plus de cinquante ; quand donc il existe plus de cinquante aâcibs ayant tous le droit de prêter les serments du qeçâmé, cinquante d'entre eux seulement sont admis à jurer ; et si tous, ou du moins plus de cinquante, demandaient à le faire, on recourrait à la voie du sort pour décider quels seraient ceux sur lesquels l'exclusion devrait porter.

Quand il en existe moins de cinquante, on fait entre eux, ainsi que le dit Ibn Aby Zeïd, la répartition des serments à prêter, sauf, si cette répartition ne pouvait avoir lieu d'une manière égale, à laisser encore au sort à décider quels seraient ceux dont la part serait plus forte d'un serment.

Du reste, toutes les fois que les aâcibs ayant le droit de prêter les serments du qeçâmé sont plus de deux, ils ont la faculté de se reposer sur deux d'entre eux du soin de jurer pour tous les autres.

$\frac{29}{50}$ (*b*) Ainsi, par exemple, si un héritier est appelé à recueillir 1/3 du dié, ou, pour mieux dire, de la succession, car le dié se

Quand une partie seulement des héritiers du dié de l'homicide par imprudence sont présents, ils doivent indispensablement prêter tous les serments du qeçâmé; après quoi, ceux qui se présentent prêtent une part de serments égale à celle par laquelle ils sont appelés à succéder (a).

---

partage entre les héritiers comme les autres biens de la succession, et un autre héritier $\frac{20}{50}$ 2/3, le premier prêtera vingt-neuf serments et le second vingt et un.

(a) L'héritier présent doit indispensablement prêter tous les serments du qeçâmé ou, en d'autres termes, il ne peut recueillir sa part du dié avant d'avoir prêté tous les serments du qeçâmé, par la raison que ce n'est qu'après la prestation de la totalité de ces serments, que la preuve de l'homicide, et par conséquent le droit à exiger le payement du dié, se trouve établie.

Quand les héritiers refusent de prêter les serments du qeçâmé, on réfère ces serments aux défendeurs, qui sont non-seulement celui auquel l'homicide est imputé, mais encore avec lui tous les membres de son aâqila, car c'est ici, comme on le verra, l'aâqila qui est tenue de fournir la réparation de l'homicide. Chacun des membres de l'aâqila, le nombre s'en élevât-il à dix mille, est alors tenu de prêter un serment, à peine pour tous ceux qui s'y refuseraient, de devenir par ce fait débiteurs de leur part contributive au payement du dié; quant aux autres, leur serment les libère de toute obligation.

Nous venons de supposer le cas où tous les héritiers se refuseraient à jurer; si au contraire une partie seulement d'entre eux s'y refusaient, ce ne serait qu'à leur égard que les serments seraient référés; quant à ceux qui auraient consenti à jurer, leur part du dié leur serait, par le fait de leur serment, acquise.

Si la victime avait disposé par testament d'une partie de ses biens,

On se tient debout pour prêter les serments du qeçâmé, et dans chacune des provinces de la Mecque, de Médine et de Jérusalem, on conduit au chef-lieu pour les prêter. Dans les autres provinces, on ne conduit au chef-lieu que d'un petit nombre de milles (*a*).

Il n'y a pas lieu à qeçâmé dans le cas de blessures, ni lorsqu'il s'agit de la mort d'un esclave, ni entre des kitâbys, ni pour l'homicide d'un individu qui a perdu la vie dans un combat entre deux partis, ou dont le cadavre a été trouvé dans la localité qu'occupe une population (*b*).

---

ou avait laissé des dettes, et que les héritiers se refusassent à prêter les serments du qeçâmé, les légataires ou les créanciers seraient admis à jurer à leur place.

(*a*) La formule des serments du qeçâmé commence toujours ainsi : « Par Dieu, il n'y a pas d'autre Dieu que lui. » Et après l'on ajoute, selon la nature du louts : « Certes il l'a tué, » ou bien, « certes il est mort de la blessure qu'il lui a faite, » ou bien, « certes » il est mort des coups qu'il lui a portés, » ou « certes il l'a frappé et certes il est mort de ses coups, » etc.

(*b*) « Ni entre des kitâbys. » Il n'y a pas lieu à qeçâmé dans le cas de meurtre d'un kitâby, commis par un musulman ou par un infidèle.

Il n'y a pas à plus forte raison lieu à qeçâmé dans le cas de meurtre d'un madjoucy, car la catégorie des madjoucys est envisagée par la loi avec plus de défaveur que celle des kitâbys.

Les madjoucys (du mot mage), ce sont les sectateurs de Zoroastre, auxquels la loi assimile, en les confondant d'ailleurs avec

Il n'y a pas de pardon dans le cas d'homicide de ghilé.

La victime a le droit d'accorder pardon à son meurtrier dans le cas d'homicide intentionnel, si cet homicide n'est pas homicide de ghilé ; le pardon qu'elle accorde dans le cas d'homicide par imprudence, s'impute sur le tiers dont il lui est permis de disposer par testament (a).

Si l'un des fils a pardonné, il n'y a plus lieu à infliger la mort, et les autres ont alors droit à leur part du dié. Les filles n'ont pas le droit de pardonner lorsqu'il existe des fils (b).

---

eux sous le nom de madjoucys, tous les autres infidèles qui ne sont ni juifs ni chrétiens.

En un mot, les serments du qeçâmé ne peuvent être prêtés que par un musulman libre ; et il n'y a lieu à prêter ces serments que lorsqu'il s'agit d'un homicide commis sur un musulman libre.

« Ou dont le cadavre, etc.; » mais à une condition, c'est que dans cette localité viennent des individus étrangers à la population.

(a) La raison en est que dans le cas d'homicide par imprudence, la victime, en pardonnant à l'auteur de sa mort, ne fait remise que d'une réparation pécuniaire, c'est-à-dire du payement du dié ; et cette remise est, par ce motif, assimilée à une donation testamentaire de biens. Or, comme la loi ne permet pas de donner par testament au delà du tiers de ce que l'on possède, il en résulte que si, par exemple, le défunt n'avait pas laissé de biens, de sorte que le dié dût former toute la succession, la remise qu'il aurait faite ne vaudrait que jusqu'à concurrence du tiers du dié.

(b) Ibn Aby Zeïd se borne, dans ce passage, à citer deux cas de l'application des principes suivants :

Celui auquel l'homicide intentionnel a été pardonné, subit la peine de cent coups de courroie et d'un emprisonnement d'une année (a).

Le dié, quand il est dû par des individus appartenant à des populations à chameaux, est de cent chameaux. Il est de mille dinars quand

---

Les aâcibs femmes sont sans droit pour poursuivre la réparation de l'homicide intentionnel et pour en accorder le pardon, toutes les fois qu'il existe des aâcibs mâles ayant avec le défunt les mêmes rapports de parenté qu'elles, ou, à plus forte raison, des rapports de parenté plus proches qu'elles; d'où il suit que des filles, par exemple, avec des fils, que des sœurs germaines avec des frères germains, n'ont pas le droit de poursuivre ou de pardonner dans le cas d'homicide intentionnel.

Lorsque le droit de poursuivre et de pardonner se trouve ainsi dévolu aux hommes à l'exclusion des femmes, le pardon d'un seul suffit pour mettre le coupable à l'abri de l'application du talion.

Lorsqu'il est dévolu à la fois et à des hommes et à des femmes, comme dans le cas où les aâcibs seraient des filles avec des frères germains ou consanguins, ou bien des sœurs germaines avec des frères consanguins, le pardon, pour valoir, doit émaner au moins et d'un homme et d'une femme.

Quand tous ceux auxquels appartient le droit de poursuivre et de pardonner, ont pardonné ensemble (on suppose qu'ils ont pardonné purement et simplement, c'est-à-dire sans stipuler le payement d'aucune somme), aucune répétition ne peut plus être exercée contre le meurtrier. Quand une partie seulement d'entre eux ont pardonné, les autres aâcibs, hommes ou femmes, qui n'ont point pardonné, ainsi que tous les autres héritiers non aâcibs, ont droit à leur part du dié.

(a) On inflige aussi cette peine à celui qui a commis un homicide intentionnel à raison duquel il n'est pas passible du talion, tel le musulman qui a tué un infidèle.

il est dû par des individus appartenant à des populations à or; il est de douze mille drachmes quand il est dû par des individus appartenant à des populations à argent.

Le dié (exigible en chameaux), dans le cas d'acte intentionnel, quand on a consenti à le recevoir, se compose de vingt-cinq hhiqqas (chamelles ayant accompli leur troisième année et étant entrées dans leur quatrième), de vingt-cinq djedaas (chamelles ayant accompli leur quatrième année et étant entrées dans leur cinquième), de vingt-cinq bint leboun (chamelles ayant accompli leur deuxième année et étant entrées dans leur troisième), et de vingt-cinq bint mekhadh (chamelles ayant accompli leur première année et étant entrées dans leur deuxième).

Le dié (exigible en chameaux), dans le cas d'acte par imprudence, se compose de cinq sortes de sujets, savoir : de vingt hhiqqas, de vingt djedaas, de vingt bint leboun, de vingt bint mekhadh et de vingt ibn leboun (chameaux ayant accompli leur deuxième année et étant entrés dans leur troisième).

Le dié ne s'aggrave qu'à l'égard du père qui a donné la mort à son fils en lançant sur lui un instrument aigu. Le père n'est pas, pour ce fait, passible du talion, et le dié qu'il doit alors payer (lorsque ce dié est exigible en chameaux) se compose de trente djedaas, de trente hhiqqaset de quarante chamelles pleines (sans limite d'âge)(*a*).

Suivant un dire, le père est tenu au payement

(*a*) La loi n'établit pas à l'égard du père qui a donné la mort ou fait une blessure à son enfant, en le frappant volontairement, la présomption qu'il a voulu lui donner la mort ou lui faire la blessure ; à moins que cette volonté de donner la mort ou de faire la blessure, ne résultât évidemment des circonstances du fait, comme dans le cas, par exemple, où, après l'avoir étendu à terre, il l'aurait égorgé ou lui aurait ouvert le ventre, ou bien lui aurait crevé l'œil avec son doigt ; ou à moins encore qu'il n'avouât qu'il a réellement voulu lui donner la mort ou lui faire la blessure. Elle ne le rend pas en conséquence alors passible du talion, mais elle le soumet au payement du dié moghalladha (dié aggravé ou plutôt grossi), que l'on appelle encore dié motallata, c'est-à-dire dié composé de trois parties.

Ce qui est dit ici du père doit s'entendre de tous les ascendants paternels et maternels.

Quand le dié, au lieu d'être exigible en chameaux, est exigible en or et en argent, il est, et dans le cas d'acte intentionnel ordinaire, et dans le cas d'acte par imprudence, de mille dinars ou de douze mille drachmes ; mais dans le cas d'aggravation, on élève la somme de toute la proportion dont, si on supposait le dié exigible en chameaux, la valeur des sujets à fournir excéderait la valeur des sujets du dié de l'acte par imprudence ; de telle sorte que si la valeur des cent chamelles et chameaux du dié de l'acte par imprudence devait être de 500, et la valeur des cent chamelles du dié aggravé devait être de 600, c'est-à-dire d'un sixième de plus, on élèverait la somme du dié aggravé d'un sixième, et cette somme serait par conséquent alors de 1200 dinars ou de 14,400 drachmes.

du dié aggravé sur ses propres biens ; suivant un autre dire, ce dié est dû par son aàqila (*a*).

Le dié de la femme est de la moitié de celui de l'homme.

Le dié du kitâby est de la moitié de celui du musulman ; le dié de la kitàbye est de la moitié de celui du kitàby ; le dié du madjoucy est de huit cent drachmes ; (*b*) le dié de la madjoucye est de la moitié de cette somme. Il en est de même pour le dié de leurs blessures.

Le dié (*c*) est dû pour les deux mains, pour les deux pieds, pour les deux yeux. La moitié en est due pour l'une des deux mains, pour l'un des deux pieds, pour l'un des deux yeux.

Le dié est dû pour la partie non osseuse du nez, pour l'ouïe, pour la raison, pour les reins brisés, pour les testicules, pour le sommet du pénis, pour la langue, pour la faculté de

---

(*a*) On suit le premier de ces deux dires à l'exclusion du second.

(*b*) « De 800 drachmes, » ou, en d'autres termes, du tiers du cinquième du dié du musulman.

(*c*) « Le dié, » c'est-à-dire la totalité du dié. Ibn Aby Zeïd n'a cité que les principaux des cas dans lesquels il y a lieu, sans que la mort ait été causée, au payement de la totalité et non d'une partie seulement du dié. Il en existe un nombre assez considérable d'autres, tels la perte du goût, de l'odorat, de la faculté d'engendrer ou même seulement de cohabiter, etc.

la parole, pour les seins de la femme, pour l'œil d'un borgne.

Il est dû pour la moudhihha cinq chameaux; pour chaque dent, cinq chameaux ; pour chaque doigt, dix chameaux ; pour chaque phalange de doigt autre que le pouce, trois chameaux et un tiers ; pour chaque phalange de pouce, cinq chameaux.

Il est dû pour la monaqqila quinze chameaux (a).

On appelle moudhihha la blessure qui a mis à découvert l'os (b), et monaqqila la blessure qui a entraîné la disparition de la partie de l'os qui en a été le siége, mais sans pénétrer jusqu'à l'enveloppe du cerveau, car alors elle prend

---

(a) Ces mots, cinq chameaux, dix chameaux, etc., doivent être entendus comme étant l'équivalent de vingtième du dié, de dixième du dié, etc.

(b) Le mot moudhihha signifie, à la lettre, mettant à découvert, et il s'applique, dans le langage ordinaire, à toutes blessures qui ont mis l'os de quelque partie que ce soit du corps, à découvert ; mais dans le langage de la jurisprudence, il a une signification technique limitée aux blessures qui ont mis à découvert l'os de la tête, du front ou de la mâchoire supérieure ; ce qui exclut l'os du nez, de la mâchoire inférieure ou de toute autre partie du corps.

Il suffit du reste, pour qu'il y ait moudhihha dans le sens de la loi, qu'il y ait eu dénudation d'une partie de l'os, quelque minime qu'elle soit, ne fût-elle que de l'étendue de la pointe d'une aiguille.

le nom de mamouma, et elle rend passible du payement du tiers du dié (a).

La djaïfa rend aussi passible du payement du tiers du dié (b).

Pour lès blessures qui ne vont pas jusqu'à la moudhihha (c), ainsi que pour les blessures du corps (d), il n'y a lieu qu'à appréciation (e).

(a) Le mot monaqqila, signifie, à la lettre, déplaçant; comme terme technique de jurisprudence, il s'entend des blessures qui ont entraîné la disparition d'une partie de l'os de la tête, du front ou de la mâchoire supérieure. Dans un sens moins restreint, il s'entend de toutes blessures qui ont entraîné la disparition d'une partie de l'os, dans quelque endroit que ce soit du corps.

Il est inutile d'ajouter que les mots moudhihha et monaqqila sont employés ici, par Ibn Aby Zeïd, dans leur sens technique.

(b) La djaïfa est la blessure qui a pénétré dans l'intérieur du ventre ou du dos.

(c) « Qui ne vont pas jusqu'à la moudhihha, » c'est-à-dire pour les blessures qui, faites dans les chairs qui recouvrent l'os de la tête, du front ou de la mâchoire supérieure, n'ont pas pénétré jusqu'à l'os.

(d) « Et pour les blessures du corps, » c'est-à-dire, pour les blessures faites dans les parties du corps autres que celles où les blessures peuvent prendre le caractère de moudhihha, lorsque la loi n'a pas d'ailleurs fixé le dié de ces blessures; telle sera, par exemple, la fracture d'une côte.

(e) Il y a, dans ces cas, lieu à payer une partie du dié, dont on détermine le montant par appréciation, d'après les bases que voici :

On suppose que l'individu auquel la blessure a été faite est esclave, en ayant égard à la variété de l'espèce humaine dans laquelle il est rangé : ainsi, on le suppose esclave noir si c'est un noir ; on

On ne paye le dié d'aucune blessure qu'après guérison (*a*); et il n'est rien dû pour la blessure qui a guéri sans laisser détérioration, quand cette blessure n'a pas été jusqu'à la moudhihha (*b*).

On applique le talion pour les blessures intentionnelles, excepté pour celles qui sont de nature à causer la mort, comme, par exemple,

---

le suppose esclave blanc si c'est un blanc; on le suppose esclave au teint cuivré s'il appartient à la race cuivrée ; puis l'on examine dans quelle proportion la blessure en aurait diminué la valeur ; si elle en eût diminué la valeur d'un cinquième, on lui alloue le cinquième du dié ; si elle en eût diminué la valeur des deux tiers, on lui alloue les deux tiers du dié, et ainsi de suite.

(*a*) Parce que ce n'est qu'après la guérison de la blessure, que l'on peut connaître d'une manière exacte l'étendue du dommage qu'elle a causé, et que d'ailleurs, tant qu'elle n'est pas guérie, elle peut entraîner la mort. Par la même raison, ce n'est aussi qu'après la guérison que l'on applique le talion de la blessure intentionnelle, lorsque cette blessure donne lieu, ainsi que va le dire Ibn Aby Zeïd, à l'application du talion.

(*b*) Ces mots : « quand cette blessure n'a pas été jusqu'à la moudhihha, » doivent être entendus comme signifiant : quand cette blessure n'est ni la moudhihha, ni la monaqqila, ni la mamouma. Pour ces trois blessures, et il en est aussi de même pour la djaïfa, le dié fixé par la loi est dû, soit qu'elles aient ou non laissé détérioration. La moudhihha se distingue même encore, en ce que, s'il y a détérioration après la guérison, il y a lieu à payer, outre le dié, c'est-à-dire outre le vingtième du dié, l'indemnité de la détérioration, indemnité que l'on fixe par appréciation, d'après les bases que nous avons fait connaître.

pour la mamouma, la djaïfa, la monaqqila, ou comme pour la cuisse, les testicules (*a*), les reins et autres cas de ce genre; pour ces blessures, il y a lieu au payement du dié (*b*).

Ni l'homicide intentionnel, ni l'homicide par imprudence dont la preuve résulte de l'aveu de celui qui l'a commis, ne sont à la charge de l'aâqila. Les blessures par imprudence dont la réparation pécuniaire s'élève au tiers au moins du dié entier, sont à sa charge; quant à celles dont la réparation pécuniaire ne s'élève pas au tiers du dié entier, elles sont à la charge de celui qui en est l'auteur, sur ses biens personnels.

Quant à la mamouma et à la djaïfa intentionnelles, Malek a dit qu'elles devaient être à la charge de l'aâqila; il a dit aussi qu'elles devaient être à la charge du coupable, à moins qu'il ne fût insolvable, cas dans lequel elles retombe-

---

(*a*) Il faut distinguer le cas où les testicules auraient été écrasés, de celui où ils auraient été retranchés. Dans le premier cas, on n'appliquerait pas le talion, parce que l'opération serait de nature à causer la mort, mais on l'appliquerait dans le second.

(*b*) Lorsqu'il n'y a pas lieu à appliquer le talion dans le cas de blessures intentionnelles, à raison du danger de l'opération, lorsqu'il y a en conséquence lieu, ainsi que le dit Ibn Aby Zeïd, à la réparation pécuniaire, on inflige en même temps au coupable un châtiment correctionnel.

raient à la charge de l'aâqila ; (Malek a dit que la mamouma et la djaïfa devaient être à la charge de l'aâqila,) parce qu'elles ne donnent pas lieu à l'application du talion. Les blessures dont la réparation pécuniaire s'élève au tiers du dié entier, mais pour lesquelles on n'applique pas le talion à raison du danger de mort qu'elles font courir, sont pareillement à la charge de l'aâqila (a).

(a) L'aâquila se compose pour le musulman :

D'abord, de son Divan, c'est-à-dire des musulmans inscrits avec lui sur les registres publics pour recevoir du beït El-mâl et en recevant en effet (le beït El-mâl, c'est le trésor public de la communauté des musulmans) ;

Puis de ses aâcibs par la parenté ;

Puis de ses aâcibs par l'affranchissement, c'est-à-dire de ses patrons ;

Puis de ses affranchis.

Quand il n'a pas d'aâqila, le beït El-mâl lui en tient lieu.

Pour le dimmy, elle se compose de ses coreligionnaires portés sur les mêmes contrôles de capitation que lui. Le dimmy (client, du mot dimmé, clientèle), c'est l'infidèle autorisé à habiter, à la charge de payer tribut, dans les pays musulmans, sous la protection des lois musulmanes.

Quant à la responsabilité de l'aâqila, je vais essayer de résumer d'une manière plus claire et plus complète que ne l'a fait Ibn Aby Zeïd, les principales dispositions de la loi qui la déterminent :

La réparation pécuniaire de l'homicide et des blessures est supportée par l'aâqila, mais aux conditions suivantes, savoir :

1° Que la victime soit un individu libre ;

L'aàqila ne paye pas le dié de celui qui s'est donné la mort soit volontairement soit involontairement (a).

Le dié des blessures de la femme, s'il ne s'élève pas au tiers du dié entier de la femme, est celui des blessures de l'homme; s'il s'élève au

---

2° Que la preuve de l'homicide ou des blessures soit établie autrement que par l'aveu de celui qui en est l'auteur;

3° Que la réparation pécuniaire s'élève au tiers au moins du dié entier, soit de l'auteur de la blessure, soit de la victime.

Ainsi, par exemple : si, de l'auteur de la blessure et de la victime, l'un est musulman et l'autre chrétien, la réparation pécuniaire, pour retomber à la charge de l'aâqila, devra s'élever au moins au tiers de la somme de 500 dinars, qui est le dié entier du chrétien.

4° Qu'il s'agisse d'homicide ou de blessures non intentionnels. Il y a néanmoins, en ce point, une exception relative aux blessures intentionnelles, pour lesquelles il n'y a pas lieu à l'application du talion, à cause du danger de mort qu'il ferait courir au coupable; la réparation de ces blessures, quoique faites intentionnellement, est alors, comme dans le cas où elles ont été faites par imprudence, à la charge de l'aâqila.

Du reste, Khalil, Abd El-Bâqy et El-Emir ne font aucune mention d'un dire de Malek, suivant lequel la mamouma et la djaïfa intentionnelles ne seraient point à la charge de l'aâqila.

Il importe de remarquer que l'auteur de l'homicide ou de la blessure est aussi compris dans l'aâqila; mais il n'y figure que comme un simple membre, et la part constributive qu'il doit y fournir, est alors la même que s'il eût été étranger à l'homicide ou à la blessure.

(a) Il n'y a lieu, en ce cas, à aucune réparation pécuniaire.

tiers du dié entier de la femme, il est celui des blessures de la femme (a).

On applique le talion de l'homicide à une troupe d'individus qui ont donné la mort à un autre (b).

Celui qui a donné la mort en état d'ivresse, subit la mort.

(a) Par exemple, trois doigts ont été coupés à une femme musulmane ; le dié de chaque doigt est du dixième du dié entier. Or, le dié entier est, comme on l'a vu, pour l'homme musulman de 1,000 dinars ; dixième, 100 dinars ; il est pour la femme musulmane de 500 dinars ; dixième, 50 dinars.

Il ne serait donc dû, d'après cette base, à la femme à laquelle les trois doigts ont été coupés que trois fois 50 dinars ou 150 dinars.

Mais, en vertu de la disposition que fait connaître, dans ce passage, Ibn Aby Zeïd, ces 150 dinars ne s'élevant pas au tiers de 500 dinars, qui est le dié entier de la femme, elle aurait droit au dié qui serait dû en pareil cas à un homme, c'est-à-dire à 300 dinars.

Si, au contraire, il lui avait été coupé trois doigts plus une phalange d'un quatrième doigt, ou bien quatre doigts, le dié des trois doigts et de la phalange égalant, et le dié des quatre doigts excédant le tiers de 500 dinars, cette femme n'aurait plus droit qu'au dié des doigts de la femme, savoir à 166 dinars 2/3 pour le premier cas, et à 200 dinars pour le second.

(b) S'il y a eu accord entre eux, on leur applique à tous le talion de l'homicide, quand même un seul aurait porté les coups, si les autres étaient présents et disposés à fournir leur assistance.

S'il n'y a pas eu accord entre eux, on applique encore à tous le talion de l'homicide, quand ils ont frappé tous ensemble, sans que l'on connaisse l'auteur de la blessure qui a causé la mort, car si l'on connaissait l'auteur de la blessure qui a causé la mort, on n'appliquerait qu'à lui le talion de l'homicide.

Si un individu en état de démence commet un homicide, le dié en est à la charge de son aâqila.

L'acte intentionnel de l'enfant est assimilé à l'acte par imprudence; et la réparation pécuniaire en est à la charge de son aâqila, si elle s'élève au tiers au moins du dié entier; sinon, elle est à sa charge sur ses biens personnels.

On donne la mort à la femme pour avoir donné la mort à l'homme, et à l'homme pour avoir donné la mort à la femme.

On applique le talion à la femme pour blessures faites à l'homme, et à l'homme pour blessures faites à la femme.

On ne donne point la mort à un individu libre pour avoir donné la mort à un esclave; on donne la mort à un esclave pour avoir donné la mort à un individu libre.

On ne donne point la mort à un musulman pour avoir donné la mort à un infidèle; on donne la mort à un infidèle pour avoir donné la mort à un musulman (a).

Il n'y a pas de talion pour blessures entre l'individu libre et l'esclave, ni entre le musulman et l'infidèle.

Celui qui conduit une monture ou une bête

____

(a) À un musulman, même esclave.

de somme, en la faisant marcher devant lui, ou en marchant devant elle, ou en la montant, est responsable de ce que les pas de la bête endommagent ; il n'y a pas de réparation pour le dommage qu'elle a causé sans leur fait, ou étant arrêtée et sans qu'il lui ait rien été fait qui y ait donné lieu.

Il n'y a pas de réparation pour ce qui, sans le fait de personne, a péri dans un puits ou dans une mine.

On impose le payement du dié entier à l'aâqila avec termes échéant dans le cours de trois années ; on lui impose le payement du tiers du dié dans une année, et le payement de la moitié du dié dans deux années (*a*).

Le dié est dévolu aux héritiers selon les règles établies par la loi des successions (*b*).

(*a*) Le payement du dié entier est exigé de l'aâqila, par tiers, à la fin de chaque année. Le payement du tiers du dié est exigé en un seul terme, c'est-à-dire à la fin de la première année, Le payement de la moitié est exigé par quart, à la fin de chacune des deux années. Les termes commencent à courir à partir du jour du jugement et non du jour du fait qui a donné lieu au payement du dié, ni du jour de la poursuite.

Le dié dont le payement est à la charge de l'auteur du dommage est exigible sans terme.

(*b*) C'est-à-dire qu'il se partage entre les héritiers, comme les autres biens du défunt.

Il est dû pour le fœtus de la femme libre dont on a causé l'avortement, une ghorra de la valeur de 50 dinars ou de 600 drachmes, et consistant en un esclave ou une petite servante. Cette ghorra est dévolue aux héritiers selon les règles établies par le livre de Dieu (a).

L'auteur de l'homicide intentionnel ne peut

(a) Je vais résumer d'une manière plus complète que ne l'a fait Ibn Aby Zeïd, les dispositions relatives au dié du fœtus : .

Une réparation pécuniaire est due pour le fœtus de la femme dont on a causé l'avortement, même lorsque le fœtus ne se trouvait encore, au moment de l'avortement, qu'à l'état de sang assez coagulé pour que de l'eau chaude n'en opère pas la dissolution.

Quant à cette réparation en elle-même, il faut distinguer :

Si la femme est une musulmane libre, ou une servante ayant conçu des œuvres de son maître, ou une infidèle libre ayant conçu des œuvres d'un musulman, la réparation pécuniaire consistera dans le payement du dixième du dié de la musulmane libre, c'est-à-dire 50 dinars. Néanmoins, *il sera loisible de fournir à la place*, car c'est dans ce sens que doit être entendu Ibn Aby Zeïd, une ghorra d'un esclave ou même seulement d'une petite servante, pourvu que cette ghorra ait la valeur de 50 dinars * ;

Si la femme est une infidèle libre ayant conçu des œuvres d'un infidèle, la réparation pécuniaire consistera dans le payement du dixième du dié de la mère ;

Si la femme est une servante musulmane ou infidèle ayant conçu des œuvres d'un autre que son maître, la réparation pécuniaire consistera dans le payement du dixième de la valeur de la mère.

La réparation pécuniaire est due même lorsque c'est la mère elle-même qui a causé son avortement.

* J'avertis ici que chaque fois que je me sers du mot servante, j'y attache la signification de femme esclave.

hériter ni des biens ni du dié de la victime. L'auteur de l'homicide par imprudence peut hériter des biens, mais non du dié.

Il est dû pour le fœtus de la servante qui a conçu des œuvres de son maître, la même réparation que pour le fœtus de la femme libre. Si elle a conçu des œuvres d'un autre que son maître, on doit le dixième de la valeur de la mère.

Celui qui a donné la mort à un esclave en doit la valeur (a).

On inflige la mort à plusieurs individus pour le meurtre d'un seul, dans le cas de ghilé et de brigandage, quand même la mort n'aurait été donnée que par l'un d'eux.

L'expiation de l'homicide par imprudence est obligatoire. Elle consiste dans l'affranchissement d'un esclave musulman, ou, si l'auteur de l'homicide ne peut faire cet affranchissement, dans un jeûne de deux mois consécutifs (b).

On invite le coupable d'homicide intentionnel qui a reçu pardon, à accomplir cette expia-

---

(a) A quelque somme que cette valeur puisse s'élever ; d'où il résulte que la réparation pécuniaire de l'homicide commis sur un esclave, peut excéder la réparation pécuniaire de l'homicide commis sur un individu libre.

(b) Mais elle n'est obligatoire que pour l'individu musulman et libre, et lorsque la victime est aussi un individu musulman et libre.

tion, et il est mieux pour lui de s'en acquitter (*a*).

On met à mort le zindyq sans avoir égard à son repentir. Le zindyq, c'est le musulman qui dissimule l'infidélité.

On met de même à mort le sorcier sans avoir égard à son repentir (*b*).

On met à mort le musulman qui a apostasié, à moins qu'il ne se repente, et on lui donne, pour se repentir, un délai de trois jours. Cela s'applique aussi à la musulmane (*c*).

(*a*) Mais il ne commettra pas de péché en négligeant de s'en acquitter.

(*b*) Cette disposition ne s'applique qu'au sorcier musulman qui pratique secrètement ses sortiléges, ainsi que cela résulte des observations suivantes que fait Abd El-Bâqy sur le texte de Khalil :

« Le musulman libre ou esclave, homme ou femme qui pratique des sortiléges qui éloignent l'un de l'autre deux époux ou qui impliquent infidélité, et contre lequel le fait est établi par témoins, est infidèle ; et une fois qu'il a été déclaré infidèle, s'il a pratiqué ses sortiléges ouvertement, on le met à mort et sa succession est dévolue au beït El-mâl, à moins qu'il ne se repente ; s'il les a pratiqués en cachette, on l'assimile au zindyq. »

Quant au sorcier infidèle, on se contente de lui infliger un châtiment correctionnel; pourvu toutefois qu'il n'ait pas, par ses sortiléges, causé de mal à un musulman, car alors il y aurait de sa part violation de la capitulation par laquelle les musulmans l'avaient autorisé à résider dans les pays de l'Islamisme en lui garantissant sécurité et protection, et il ne pourrait se soustraire aux conséquences de cette violation qu'en embrassant l'Islamisme.

On donne à celui qui, sans apostasier et tout en confessant l'obligation de la prière, déclare qu'il ne priera pas, délai jusqu'à ce que le temps d'une seule prière se soit écoulé, et si alors il ne s'est pas acquitté de cette prière, on le met à mort.

On prend de force la dîme à celui qui refuse de la payer.

Quant à celui qui omet de s'acquitter du pèlerinage, c'est Dieu qui lui en demandera compte.

Celui qui omet de s'acquitter de la prière en en niant l'obligation, est assimilé à l'apostat; on l'invite trois jours à se repentir, et si alors il ne s'est pas repenti, on le met à mort.

Celui qui blasphème le Prophète de Dieu est mis à mort sans que l'on ait égard à son repentir.

Le dimmy qui le blasphème par autre chose que ce qui constitue son infidélité, ou qui blasphème Dieu par autre chose que ce qui constitue son infidélité, est mis à mort, à moins qu'il n'embrasse l'islamisme (a).

(a) Ainsi, par exemple, le chrétien qui aura dit que Jésus-Christ était le fils de Dieu, ou que Mahomet n'était pas prophète, ne sera pas mis à mort, parce qu'il n'aura fait en cela qu'énoncer une propo-

La succession de l'apostat est dévolue à la communauté des musulmans (*a*).

Il n'y a pas de pardon pour le brigand duquel on s'est rendu maître; s'il a donné la mort, on doit indispensablement lui donner la mort; s'il n'a pas donné la mort, l'Iman apprécie la gravité de ses méfaits et la durée de son crime, et alors il lui inflige ou la mort simple, ou la mort après avoir été attaché à un poteau, ou l'amputation du pied d'un côté du corps et de la main de l'autre, ou l'exil en une localité où il demeure emprisonné jusqu'à ce qu'il se repente.

S'il s'est présenté repentant avant que l'on soit devenu maître de lui, on le tient quitte de tous droits appartenant à Dieu à raison de son brigandage, et on répète contre lui les droits

---

sition du dogme de sa religion. Seulement, il sera châtié correctionnellement pour avoir manifesté sa foi. Mais s'il s'était servi d'une expression injurieuse envers Dieu ou envers Mahomet, il devrait être mis à mort.

Le blasphème commis envers un ange ou envers tout prophète que l'église musulmane s'accorde à regarder comme prophète, tels Moïse, Abraham, David, Salomon, Jésus-Christ, etc., rend aussi passible de la peine de mort.

(*a*) C'est-à-dire qu'elle est recueillie par le beït El-mâl, qui est le trésor public de la communauté des musulmans.

appartenant aux hommes, relativement aux personnes et aux propriétés (*a*).

Chacun de plusieurs lass est responsable de la totalité de ce que tous ont pris (*b*).

(*a*) Quand on s'est rendu maître du brigand, l'Iman doit lui infliger, selon les cas, ainsi que le dit Ibn Aby Zeïd, l'un des quatre hhadds du brigandage, sans que les aâcibs de ceux auxquels il aura donné la mort, ou ceux auxquels il aura fait des blessures, aient le droit, soit avant, soit après l'application du hhadd, de requérir contre lui le talion ou de lui pardonner.

Quand, au contraire, il a abjuré sa faute avant qu'on se soit rendu maître de lui, l'Iman ne peut plus lui infliger aucune peine pour les méfaits de son brigandage, mais les aâcibs de ceux auxquels il aura donné la mort, ou ceux auxquels il aura fait des blessures, auront alors le droit de requérir contre lui l'application du talion.

Ibn Aby Zeïd a dit plus haut : « Il n'y a pas de pardon dans le cas d'homicide de ghilé ; » ce qui signifie que l'Iman doit infliger la mort au coupable d'homicide de ghilé comme au coupable d'homicide de brigandage, sans que les aâcibs aient le droit de requérir ou de pardonner. Mais le repentir met-il le coupable d'homicide de ghilé, comme le brigand, à l'abri des poursuites de l'Iman ? La jurisprudence est controversée sur ce point à l'égard duquel Khalil, Abd El-Bâqy et El-Emir ne sont d'ailleurs rien moins qu'explicites. Toutefois, je crois qu'ils doivent être interprétés dans le sens de l'affirmative, et que Khalil, quoi qu'en ait dit Ibn Rehhâl dans sa glose sur le commentaire qu'a fait El-Meyâra du tohhfet El-hhokkâm (*) n'a fait autre chose que ranger le ghilé au nombre des méfaits du brigandage.

(*b*) Je crois le mot lass pris ici dans le sens générique de voleur, et s'appliquant par conséquent et aux brigands et aux autres voleurs. La disposition qu'énonce Ibn Aby Zeïd se trouverait alors reproduite

* Manuscrit donné à la Bibliothèque royale par M. le duc de Nemours.

Pour le meurtre d'un individu , on donne la mort à plusieurs, dans le cas de ghilé et de brigandage, quand même la mort n'a été donnée que par un seul d'entre eux.

On donne la mort au musulman pour le meurtre du dimmy, dans le cas de ghilé et de brigandage.

L'individu libre, ayant la qualité de mohhcin, qui a commis un acte de fornication , est lapidé jusqu'à ce que mort s'en suive. Acquérir la qualité de mohhcin, c'est épouser une femme en mariage valide et cohabiter avec elle d'une cohabitation valide (a).

---

dans ce passage de Khalil : « et chaque brigand est obligé à restituer pour tous les autres, » combiné avec cette observation qu'y ajoute El-Emir « comme tous ceux qui s'entr'aident. » Du reste le mot lass, qui s'écrit aussi loss ou liss, s'emploie et dans le langage de la jurisprudence et dans le langage ordinaire, tantôt dans le sens de brigand et tantôt dans le sens de voleur.

Je ferai ici cette remarque que le cas de brigandage est le seul dans lequel la loi laisse à l'Iman le soin de décider lequel de plusieurs hhadds doit être appliqué.

(a) « D'une cohabitation valide, » c'est-à-dire d'une cohabitation complète selon le sens de la loi, et qui ne soit pas de celles que défend la loi , comme serait la cohabitation qui aurait eu lieu dans le temps des infirmités périodiques de la femme.

La femme acquiert la qualité de mohhcin aux mêmes conditions que l'homme, c'est-à-dire en épousant en mariage valide et en cohabitant d'une cohabitation valide.

Il est inutile sans doute que je fasse observer que ces conditions

S'il n'a pas la qualité de mohhcin, on lui inflige cent coups de courroie, et l'Iman l'exile dans un autre pays, où il subit un emprisonnement d'une année.

Le hhadd de la fornication est, pour l'esclave et la servante, même lorsqu'ils sont mariés, de cinquante coups de courroie, et il n'y a pàs d'exil pour eux ni pour la femme libre.

On n'applique le hhadd de la fornication qu'autant qu'il y a aveu, ou manifestation de grossesse, ou témoignage de quatre individus du sexe masculin, libres, pubères, aad'ls, *qui viderunt eum sicut stylum in pixide stibii* (a).

Ces quatre témoins font leur déposition dans le même temps; et si l'un d'eux n'affirme pas toutes les circonstances caractéristiques du fait de fornication, on inflige le hhadd du qadf aux trois autres qui les auraient affirmées.

Il n'y a pas de hhadd pour l'individu non pubère.

On inflige le hhadd de la fornication à celui

---

de l'acquisition de la qualité de mohhcin ne peuvent s'appliquer qu'à des musulmans, et que l'infidèle ne peut, par conséquent, acquérir cette qualité.

(a) Suivant El-Emir tous les docteurs ne considèrent pas comme nécessaire que les témoins se servent de cette formule *Sicut stylum in pixide stibii.*

qui a cohabité avec la servante de son père, mais non au père qui a cohabité avec la servante de son enfant; dans ce dernier cas, on estime la servante à la charge du père, quand même elle n'aurait pas conçu des suites de la cohabitation (*a*).

Le copropriétaire d'une servante qui a cohabité avec elle, est châtié correctionnellement, et il en garantit la valeur s'il est solvable; si la servante n'a pas conçu des suites de la cohabi-

---

(*a*) Quand le père a cohabité avec la servante de son enfant, on estime la servante; c'est-à-dire, on fixe, par une estimation, la valeur qu'elle avait au jour de la cohabitation, et le père, qui en devient alors propriétaire, est tenu de payer à son enfant la somme à laquelle cette valeur a été fixée. Si le père est insolvable et que la servante n'ait pas conçu des suites de la cohabitation, l'enfant a le droit de la faire vendre pour le compte du père, ou, quand il offre des garanties morales suffisantes, d'en demeurer propriétaire. Des docteurs professent même l'opinion que, lorsque l'enfant offre des garanties morales suffisantes, il peut conserver la propriété de la servante et dans le cas de solvabilité, et dans le cas d'insolvabilité du père.

Le hhadd de la fornication n'est pas encouru par le père (et ce qui est dit ici du père doit s'entendre aussi de l'aïeul paternel et maternel), qui a cohabité avec la servante de son enfant, par la raison que le père est considéré comme ayant une apparence de propriété sur les biens de son enfant, en vertu de ces paroles du prophète : « tu appartiens avec ce que tu possèdes à ton père. » Par la même raison, les pères, mères, aïeuls et aïeules n'encourent pas le hhadd du vol, lorsqu'ils commettent un vol au préjudice de leurs enfants ou petits-enfants.

tation, l'autre copropriétaire a le choix ou de
conserver ses droits de copropriété sur elle, ou
de la faire estimer à la charge de son copropriétaire (a).

(a) Quand le copropriétaire d'une servante a cohabité avec
elle, deux cas principaux peuvent s'offrir, savoir :

1° Le cas où il a cohabité avec l'autorisation de son copropriétaire ;

2° Le cas où il a cohabité sans l'autorisation de son copropriétaire ; et ce cas est, ainsi qu'on le reconnaîtra, le seul qu'ait prévu
Ibn Aby Zeïd.

PREMIER CAS.

Il a cohabité avec l'autorisation de son copropriétaire :

Dans ce cas, la servante ne peut, en aucun état de choses, con-
tinuer d'appartenir à la société, parce qu'il y a eu là prêt de
femmes pour la cohabitation, et que la loi ne veut pas laisser
subsister un fait dont on puisse inférer la validité de pareils prêts.

On fera donc l'estimation de la servante, et celui qui a cohabité
remboursera à l'autre sa part dans la somme à laquelle en aura été
fixée la valeur ; moyennant quoi, il demeurera seul propriétaire
de la servante, qui, si elle a conçu, sera avec lui omm oueled,
c'est-à-dire servante mère d'enfant.

S'il se trouve dans l'impossibilité de faire ce remboursement,
on vendra la servante ; pourvu toutefois qu'elle n'ait pas conçu ;
car, si elle a conçu, elle ne pourra être vendue, elle appartiendra
en totalité, à titre d'omm oueled, à celui qui a cohabité et qui
seulement alors sera constitué débiteur de la part afférente à l'autre
dans la valeur.

Il ne sera, en toute hypothèse, rien dû relativement à la valeur
de l'enfant lequel, d'ailleurs, sera libre et légitime.

Si une femme enceinte déclare qu'elle a conçu
à la suite d'un viol, son allégation n'est pas

DEUXIÈME CAS.

Il a cohabité sans l'autorisation de son copropriétaire :

Dans ce cas, la servante a conçu ou elle n'a pas conçu ;

Si elle a conçu, il faut distinguer encore :

Ou celui qui a cohabité est solvable, ou il est insolvable ;

S'il est solvable, il remboursera, après l'estimation qui devra
alors être faite de la servante, laquelle ne pourra plus appartenir
à la société, la part de son copropriétaire dans la somme à laquelle
elle aura été évaluée, et il la possédera désormais tout entière à
titre d'omm oueled. Quant à l'enfant, il sera libre et légitime, sans
que sa valeur puisse donner lieu à aucune répétition.

S'il est insolvable, la servante continuera d'appartenir à la société ou sera estimée, au choix de l'autre copropriétaire ; et si
celui-ci, après l'estimation, ne consent pas à demeurer créancier
de sa part dans la valeur, il poursuivra la vente de la part qu'il
avait dans la servante, pour le prix être appliqué à son remboursement, sauf, en cas d'insuffisance, à conserver le droit de répéter
le surplus.

Dans cette hypothèse de l'insolvabilité, l'enfant sera, comme
dans toutes les autres, libre et légitime ; seulement ici, l'autre
copropriétaire deviendra créancier d'une part dans la valeur de
l'enfant.

La servante n'a pas conçu :

Si l'autre copropriétaire le veut, elle continuera d'appartenir à
la société ; s'il l'aime mieux, il requerra qu'elle soit estimée, et,
après l'estimation, il se fera rembourser sa part dans la valeur, ou,
en cas d'insolvabilité de son copropriétaire, il poursuivra la vente,
non pas seulement de la part qu'il avait dans la servante, mais
d'une partie quelconque de la servante dont le prix puisse suffire
à son remboursement ; de telle sorte même que, si le prix d'une

admise et on lui inflige le hhadd, à moins que des témoins ne sachent qu'elle a été entrainée jusqu'au moment où l'homme s'est, avec elle, dérobé aux regards, ou à moins qu'elle ne soit venue implorant du secours aussitôt après l'événement, ou qu'elle ne soit venue ayant du sang (a).

Le chrétien qui commet un viol sur une musulmane est mis à mort (b).

---

partie de la servante ne pouvait suffire à son remboursement, il aurait le droit de poursuivre la vente de la totalité.

Dans aucun des cas que nous avons exposés, le copropriétaire qui a cohabité n'est passible du hhadd de la fornication ; on se contente de lui infliger un châtiment correctionnel.

(a) Ces mots « ayant du sang » doivent s'entendre seulement de la femme vierge ; c'est ce que démontre, entre autres énonciations, une observation d'Abd El-Bâqy, ainsi conçue : « Ou à moins que la femme vierge ne vienne à la suite de l'événement, ayant du sang, quand même elle n'implorerait point de secours. Voy. le Cheïkh Et-Tetayi sur le reçâlé. »

(b) « Le chrétien, » c'est-à-dire l'infidèle. Il est mis à mort, non pour ce crime en lui-même, mais à cause de la violation que ce crime implique des conditions de sa capitulation, c'est-à-dire des conditions auxquelles il avait été admis à résider dans le pays de l'islamisme.

« Sur une musulmane, » c'est-à-dire sur une musulmane libre. Il n'encourrait pas la peine de mort s'il avait commis ce crime sur une musulmane esclave, à moins que le cas n'ait été prévu par les clauses de sa capitulation.

Il peut du reste se libérer de la peine de mort en embrassant l'islamisme, si sa conversion est jugée sincère.

Si celui qui a déclaré s'être rendu coupable de fornication se rétracte, on le décharge de son aveu et on le laisse (*a*).

Le maître peut appliquer lui-même le hhadd de la fornication à son esclave ou à sa servante quand il y a manifestation de grossesse ou affirmation de quatre témoins autres que lui, ou aveu. Néanmoins, si la servante est mariée à un homme libre ou à l'esclave d'un autre maître, le Sultan seul doit faire l'application du hhadd (*b*).

Celui qui a commis un acte de sodomie avec un individu mâle consentant à l'acte, est lapidé avec son complice, qu'ils aient ou non la qualité de mohhcins (*c*).

(*a*) C'est-à-dire qu'aussitôt qu'il s'est rétracté, toute poursuite cesse de droit à son égard. Même si, sans se rétracter formellement, il venait, pendant qu'on le lapide ou qu'on lui inflige les coups de courroie, à prendre la fuite, il y aurait là rétractation suffisante, et on ne chercherait pas à le retenir.

(*b*) Le maître ne peut non plus faire l'application du hhadd de la fornication à son esclave, qu'autant que celui-ci n'est pas marié à la servante d'un autre maître ou à une femme libre.

Ce qui est dit, dans ce passage, du hhadd de la fornication, doit s'entendre aussi du hhadd du qadf et de celui de l'usage du vin.

(*c*) « Un individu mâle, » car s'il avait commis un acte de ce genre avec une femme, il y aurait fornication ; à moins que cette femme

Le hhadd du qadf est, pour l'individu libre, de 80 coups de courroie, et pour l'esclave, de 40. Le hhadd de la fornication est, pour l'esclave, de 50. L'infidèle coupable de qadf subit un hhadd de 80 coups (a).

---

ne fût la sienne, alors il n'y aurait lieu à l'application d'aucun hhadd.

« Consentant à l'acte. » Si celui sur lequel l'acte a été commis n'y avait pas été consentant, l'auteur de l'acte encourrait seul le hhadd.

« Qu'ils aient ou non la qualité de mobhcins, » c'est-à-dire qu'ils aient ou non été mariés, qu'ils soient musulmans ou infidèles, libres ou esclaves.

Il doit y avoir pour la preuve du fait de sodomie, comme pour celle du fait de fornication, affirmation de quatre témoins du sexe masculin, *qui viderunt eum sicut stylum in pixide stibii.*

(a) Le qadf consiste à alléguer contre un individu libre, musulman, qu'il n'est pas le fils de son père, ou de l'un de ses aïeuls paternels, ou qu'il a commis un acte de fornication ou de sodomie quand il n'en a pas en effet commis, et qu'il a d'ailleurs la possibilité physique d'en commettre.

Il y a donc qadf quand une personne dit à un individu libre musulman : « Tu n'es pas le fils de ton père, » ou « tu n'es pas le fils de ton aïeul paternel, » ou « tu as commis un acte de fornication, » ou « tu as commis un acte de sodomie ; » ou bien quand il l'appelle qernân (homme qui prostitue sa femme). Dans ce dernier cas, c'est contre la femme que le qadf se trouve dirigé, et c'est en conséquence sur sa demande que le hhadd est appliqué.

Il y a encore qadf quand un individu dit : « Je suis enfant d'adultère. » C'est ici à sa mère à requérir l'application du hhadd.

Celui qui commet un qadf contre un esclave ou un infidèle n'encourt pas de hhadd.

On inflige le hhadd à celui qui commet un qadf de fornication envers une personne du sexe féminin non pubère, si elle est de celles qui peuvent supporter la cohabitation d'un homme; mais on ne l'inflige pas à celui qui commet ce qadf envers un individu du sexe masculin non pubère.

L'individu non pubère n'encourt de hhadd ni dans le cas de qadf, ni dans le cas de cohabitation (*a*).

Celui qui dément la filiation d'un individu encourt le hhadd (*b*).

Le hhadd est encouru lorque le qadf a eu lieu en termes indirects (*c*).

(*a*) Ni dans aucun autre cas.

(*b*) « La filiation d'un individu , » c'est-à-dire sa qualité d'enfant de son père ou de son aïeul paternel, ainsi que nous l'avons déjà dit, mais non sa qualité d'enfant de sa mère. La raison de la différence, c'est que, relativement à la mère, la filiation est un fait évident et qui porte avec lui son authenticité, tandis que relativement au père, elle ne repose que sur des probabilités et la présomption légale. Néanmoins, il y aurait lieu à châtier correctionnellement celui qui aurait démenti la filiation d'un individu relativement à sa mère.

(*c*) Pourvu qu'il n'y ait aucun doute sur le sens de ces termes, de sorte qu'il fût évident qu'ils renferment un qadf; comme dans

Celui qui dit à un autre : « O sodomiste ! » est passible du hhadd (*a*).

Celui qui s'est rendu coupable de qadf envers plusieurs personnes à la fois, n'est passible que d'un seul hhadd, qui lui est appliqué à la demande de celle d'entre elles qui le requiert. Il se trouve ensuite quitte de toute peine (*b*).

Celui qui, à diverses fois, a bu du vin ou a forniqué, n'est passible pour tous ses actes d'usage du vin ou pour tous ses actes de fornica-

---

le cas où un individu répondrait à un autre qui l'aurait injurié : « Au moins moi je ne suis pas un fornicateur. » Là, il y aurait évidemment qadf.

(*a*) Même lorsqu'il a tenu ce propos à un individu du sexe masculin non pubère, mais qui est de ceux sur lesquels on peut commettre acte de sodomie.

(*b*) Comme si, s'adressant à une réunion de personnes, il avait dit : « O fornicateurs ! » Néanmoins, s'il avait dit à une réunion de plus de deux ou trois personnes : « L'un de vous est un fornicateur, » il n'y aurait pas lieu à lui infliger le hhadd, par la raison qu'ainsi l'outrage serait trop général et ne pèserait d'une manière assez précise sur personne en particulier. Il en serait autrement s'il avait adressé ce propos à une réunion de deux ou trois personnes, ou s'il avait dit, par exemple, à un homme marié à deux femmes : « O époux de fornicatrice ! » on lui infligerait alors le hhadd, à moins qu'une partie seulement des individus contre lesquels son qadf a été dirigé, savoir un ou deux des membres de l'assemblée dans le premier cas, et l'une des deux femmes dans le second, requérant l'application du hhadd, il n'affirmât sous serment que ce n'était pas d'eux, mais bien des autres, qu'il avait entendu parler.

tion, que d'un seul hhadd. Il en est de même de celui qui s'est rendu coupable de qadf envers diverses personnes (*a*).

(*a*) Ainsi donc, celui qui aurait mille fois bu du vin, ne serait pour cela passible que d'un seul hhadd ; celui qui aurait mille fois forniqué, ne serait pour cela passible que d'un seul hhadd ; celui qui aurait dit de mille personnes qu'elles ont forniqué, ne serait pour cela passible que d'un seul hhadd ; et de même celui qui aurait dit mille fois de mille personnes qu'elles ont forniqué, ne serait non plus passible que d'un seul hhadd.

Quand un individu a commis des délits différents dont chacun entraîne un hhadd, il faut distinguer :

Si les hhadds dont la loi punit chacun des délits différents qu'il a commis, consistent dans des peines qui soient identiques, ils se confondent en un seul ; sinon, ils doivent tous lui être appliqués.

Ainsi, si un individu se trouve à la fois coupable d'avoir bu du vin et d'avoir commis des qadfs, le hhadd de l'usage du vin et le hhadd du qadf étant, l'un et l'autre, de quatre-vingts coups de courroie, il n'y a lieu à lui appliquer qu'un seul hhadd de quatre-vingts coups de courroie, et par ce hhadd, tous ses actes d'usage du vin et de qadf se trouvent expiés.

De même, s'il est à la fois coupable d'avoir volé et d'avoir coupé intentionnellement une main droite, on ne pourra lui couper que la main droite.

Mais s'il était à la fois coupable d'avoir commis des qadfs et d'avoir forniqué (nous supposons toujours qu'il n'a pas la qualité de mohhcin), le hhadd du qadf différant de celui de la fornication en ce que l'un est de quatre-vingts coups et l'autre de cent, on devrait les lui appliquer tous les deux ; de même, s'il avait coupé une main gauche et commis un vol, les deux mains lui devraient être coupées. Dans le premier cas, on commencerait par le hhadd de la fornication, et dans le second par le hhadd du vol, parce que l'application s'en trouve en quelque sorte d'une obligation plus stricte,

Quand un individu est passible en même temps de hhadds et de la mort, la mort supplée pour lui aux hhadds, excepté au hhadd du qadf; on doit lui appliquer le hhadd du qadf avant de lui faire subir la mort.

Celui qui a bu du vin ou une boisson enivrante, est passible d'un hhadd de quatre-vingts coups de courroie, qu'il se soit ou non enivré; et on ne lui inflige pas d'emprisonnement (*a*).

On dépouille l'homme de ses vêtements pour lui faire subir le hhadd; quant à la femme, on ne la dépouille que de ce qui recouvre la partie sur laquelle les coups doivent porter, et l'un et l'autre se tiennent assis pendant qu'on les frappe (*b*).

---

en ce que, pour nous servir de l'expression arabe, ils appartiennent à Dieu et qu'ils n'admettent pas de grâce.

Si, pendant qu'on applique à un individu le hhadd du qadf, il venait à commettre un nouveau qadf, on recommencerait à le frapper; à moins qu'il ne restât plus du hhadd qu'un nombre de coups moindre de la moitié; dans ce cas on achèverait ce hhadd, et ensuite on en appliquerait un second.

(*a*) « Celui qui, etc., » c'est-à-dire le musulman libre; car, quant au musulman esclave, le hhadd n'est pour lui que quarante coups; et, quant à l'infidèle libre ou esclave, la loi ne le soumet à aucune peine pour avoir bu du vin; toutefois, s'il en avait fait publiquement usage, on le châtierait correctionnellement.

(*b*) L'instrument dont on se sert pour les hhadds et que j'appelle

On ne fait pas subir de hhadd à une femme enceinte avant sa délivrance, ni à un individu atteint d'une maladie grave (*a*).

On ne met pas à mort celui qui s'est rendu

---

courroie, en arabe djild ou south, est une pièce de cuir de la longueur d'environ 48 centimètres, de la largeur d'environ 46 millimètres et de l'épaisseur d'environ 4 millimètres.

Celui qui applique le hhadd tient cette courroie avec les trois derniers doigts de la main, et il frappe sur le dos et sans y mettre ni trop de force ni trop de mollesse.

(*a*) Néanmoins on ferait subir la mort à un individu atteint d'une maladie, quelque grave qu'elle fût.

Lorsqu'il y a lieu à appliquer le talion pour blessures, l'exécution doit être confiée à un individu capable de pratiquer habilement l'opération.

Lorsqu'il y a lieu au contraire à appliquer le talion pour meurtre, l'Iman peut, à son choix, confier l'exécution à un tiers ou livrer le meurtrier aux aâcibs de la victime, pour qu'ils lui donnent eux-mêmes la mort.

Le meurtrier est d'ailleurs passible du genre de mort qu'il a lui-même fait subir à sa victime : ainsi il peut être mis à mort à coups de bâton, s'il a donné la mort à sa victime en la frappant avec un bâton; il peut être mis à mort par le feu, s'il a fait périr sa victime par le feu ; pourvu toutefois que le genre de mort qu'il a fait subir à sa victime ne soit pas trop lent, comme si, par exemple, il l'avait fait mourir de faim Du reste, les aâcibs ont, dans tous les cas, le droit de requérir la décapitation, tant que le genre de mort qu'a subi la victime n'est pas plus doux que la décapitation. Nous supposons ici que la preuve de l'homicide se trouve établie par affirmation de témoins ou par l'aveu du meurtrier ; car, lorsqu'elle se trouve établie par qeçâmé, la décapitation est le seul mode d'exécution auquel la loi permette de recourir.

coupable de bestialité; mais on doit le châtier.

Celui qui a volé un quart de dinar d'or ou un objet valant, au jour du vol, trois drachmes, ou de l'argent du poids de trois drachmes, subit l'amputation (de la main droite) quand il a volé dans un hhirz (a). Il

---

(a) Ainsi, deux conditions sont nécessaires pour qu'il y ait lieu à appliquer la peine de l'amputation :

La première, que la chose volée soit un quart de dinar d'or ou un objet valant au jour du vol, et non au jour de la poursuite, trois drachmes, ou de l'argent du poids de trois drachmes; et il faut que cette valeur de trois drachmes soit reconnue par la loi à l'objet volé; d'où il résulte que si l'objet volé était du vin, par exemple, la loi ne reconnaissant pas de valeur au vin, il n'y aurait pas lieu à appliquer au voleur la peine de l'amputation, le vol en eût-il d'ailleurs été commis au préjudice d'un infidèle. De même encore, la loi défendant de vendre les chiens, même ceux qu'elle permet de posséder, tels les chiens de chasse, il n'y a lieu à appliquer la peine de l'amputation pour le vol d'aucune sorte de chiens.

La deuxième condition, c'est que la chose ait été volée dans un hhirz (endroit de garde, de sûreté) « tel, dit Khalil, que celui qui y place n'est pas considéré comme perdant; » et il ne suffit pas qu'elle ait été prise dans le hhirz, il faut aussi qu'elle ait été retirée du hhirz.

« Valant au jour du vol trois drachmes, » dit Ibn Aby-Zeïd : c'est ici le lieu d'ajouter que l'objet doit avoir cette valeur de trois drachmes, non au moment où il est pris dans le hhirz, mais au moment où il est retiré du hhirz; de sorte que si le voleur d'une brebis, par exemple, l'avait égorgée dans le hhirz, et que, par suite, elle n'ait pas valu trois-drachmes au moment où elle en a été

n'y a pas d'amputation pour le kholça (*a*).

On applique la peine de l'amputation pour le fait ainsi qualifié, à l'homme, à la femme et à l'esclave (*b*).

Si le voleur commet ensuite un second vol,

---

retirée, il ne serait pas passible de la peine de l'amputation. Il y aurait, au contraire, lieu à appliquer cette peine, si, dans l'intervalle qui se serait écoulé entre le moment où le voleur a pris l'objet dans le hhirz, et celui où il l'en a retiré, cet objet, qui d'abord valait moins de trois drachmes, avait, par une hausse soudaine dans les prix, acquis la valeur de trois drachmes.

(*a*) Le kholça, que l'on appelle encore ikhtilâs, « c'est, dit le Cheïkh El-Emir, voler manifestement. »

Quant à Ad El-Bâqy, il fait connaître ce que c'est que l'ikhtilâs dans les termes suivants :

« Il commet, dit-il, l'ikhtilâs, s'il vient manifestement ou en cachette, et prend quelque chose, en surprenant l'attention du maître, ou de celui qui tient sa place, ou des personnes qui se trouvent là ; comme si un individu s'était éloigné, pour un besoin, de sa boutique et l'avait laissée ouverte, sachant que les personnes qui se trouveront là empêcheront d'y prendre quelque chose, et qu'alors le voleur, surprenant leur attention, s'empare d'un objet et s'enfuie avec rapidité et manifestement. »

(*b*) L'homme et la femme, l'individu libre et l'esclave, le musulman et l'infidèle, coupables de vol, doivent également subir la peine de l'amputation, soit que le vol ait été commis au préjudice d'un musulman, soit qu'il ait été commis au préjudice d'un infidèle. Il y a seulement exception en ce qui concerne : 1° le vol commis par l'esclave au préjudice de son maître, à raison de l'aggravation de dommage qui résulterait pour le maître de la mutilation de son esclave ; 2° le vol commis par l'ascendant, ainsi qu'on l'a déjà vu.

on lui coupe le pied gauche; s'il en commet un troisième, on lui coupe la main gauche; s'il en commet un quatrième, on lui coupe le pied droit; puis, en cas de nouvelle récidive, on lui inflige des coups de courroie et on l'emprisonne.

Celui qui avoue avoir commis un vol, subit la peine de l'amputation. S'il rétracte son aveu, on l'en décharge et on le contraint à restituer la chose volée si elle est entre ses mains, sinon, il en demeure débiteur.

Celui qui est pris dans un hhirz, n'est passible de la peine de l'amputation qu'autant qu'il en a fait sortir l'objet volé. Il y a de même lieu à l'application de la peine d'amputation pour le vol du linceul dans le tombeau (a).

(a) Il n'est pas, du reste, nécessaire que le voleur soit entré dans le hhirz, de même qu'il n'est pas nécessaire qu'il soit sorti du hhirz; il suffit qu'il en ait fait sortir l'objet volé. S'il s'était contenté, pour faire sortir la brebis volée du hhirz, de l'attirer en lui montrant de la nourriture, il n'en serait pas moins passible de l'amputation.

Le tombeau sert, comme on le voit, de hhirz au linceul qui enveloppe le cadavre.

La tente sert de hhirz non-seulement à ce qui y est déposé, mais encore à elle-même; de sorte que le vol de la tente entraîne la peine de l'amputation, comme le vol d'un objet déposé dans la tente.

La peine de l'amputation est aussi encourue pour le vol de toute

Celui qui vole dans une maison dont l'entrée lui est permise n'est pas passible de la peine d'amputation (a); et il en est de même de celui qui commet l'ikhtilâs.

L'aveu de l'esclave, en ce qui le soumet corporellement à un hhadd ou à une amputation, l'oblige; mais en ce qui engage la propriété de sa personne, il ne peut faire d'aveu.

Il n'y a pas d'amputation pour le vol de fruits pendants à l'arbre, ni de moelle de palmier dans le palmier, ni de brebis au pâturage; il faut que le vol ait été commis, quant aux brebis, dans le morâhh, et quant aux fruits, dans les aires (b).

----

chose qui est avec son propriétaire, celui-ci fût-il en état de sommeil, par la raison qu'avec lui la chose est dans un hhirz.

(a) Tel serait un individu qui, recevant l'hospitalité dans une maison, ou qui y étant envoyé pour y chercher quelque chose, y commettrait un vol; son acte ne serait pas sariqa, c'est-à-dire l'acte que la loi qualifie de vol et qu'elle punit de l'amputation, mais khyâné, c'est-à-dire abus de confiance, fourberie.

(b) « Des brebis au pâturage, » même en présence du maître. Abd El-Bâqy dit qu'il en est ainsi des vêtements étendus par un blanchisseur, et il fait à ce sujet la remarque qu'il y a, dans ces deux cas, exception au principe que la chose en présence du maître se trouve dans un hhirz. « La raison de l'exception est, dit-il, que les brebis s'éparpillent et ne sont point tenues, et qu'il en est à peu près de même des vêtements étendus par un blanchis

On n'intercède point pour celui qui est arrivé à l'Iman pour vol et fornication. On n'est pas d'accord à ce sujet quant au prévenu de qadf (a).

Celui qui vole dans une poche subit l'amputation ; il en est de même de celui qui vole dans un grenier, dans le beït El-mâl, de celui qui vole dans le butin. Il en est néanmoins qui ont dit que ce dernier ne doit subir l'amputation qu'autant que ce qu'il a volé excède de trois drachmes ce à quoi il avait droit dans le butin (b).

---

seur. Celui qui les vole fait en conséquence acte de khyâné ou d'ikhtilâs. »

Ceci s'applique aussi aux autres bestiaux.

« Le morâhh, dit Abd El-Bâqy dans le chapitre du zekat, c'est le lieu où s'assemblent les bestiaux durant la grande chaleur du jour *. »

« Dans les aires, » quand même les aires seraient éloignées des habitations.

(a) Ces mots : « Celui qui est arrivé à l'Iman » veulent-ils dire : Celui qui a été amené à l'Iman ? Je le crois ; néanmoins il serait possible qu'ils signifiassent celui qui a été déféré à l'Iman.

Il y a aussi cette différence entre le vol, la fornication et le qadf, que l'Iman est valablement saisi des deux premiers de ces délits par la dénonciation d'un tiers, tandis qu'il n'est valablement saisi du qadf que par la dénonciation de la partie intéressée.

(b) Khalil se borne à dire que celui qui vole dans le butin subit l'amputation ; Abd El-Bâqy ajoute qu'il en est ainsi, quelque forte ou faible en nombre que soit l'armée, c'est-à-dire quel que soit le

* On trouve le mot morâhh employé en divers passages de la Description historique et topographique de l'Égypte, par El-Maqrizy, dans le sens de bergeries et d'étables.

Le voleur qui a subi l'amputation, quand il est solvable, demeure débiteur de ce qui s'est perdu de la chose volée; il n'en demeure pas débiteur quand il est insolvable.

Il demeure débiteur, quoique insolvable, de la valeur de la chose pour le vol de laquelle il ne subit pas l'amputation (a).

---

nombre de ceux qui ont droit à recevoir une part dans le partage du butin. El-Emir rapporte l'opinion d'El-Benâny, suivant laquelle celui qui vole dans le butin ne subit l'amputation qu'autant que l'armée est forte en nombre ; et, comme on le voit, cette opinion est, en principe du moins, conforme au dernier des deux dires qu'expose Ibn Aby-Zeïd.

(a) Quand la chose volée est encore en la possession du voleur, il est tenu d'en faire la restitution dans toute espèce de cas.

Quand elle n'est plus en sa possession (et c'est le cas que suppose Ibn Aby-Zeïd), il faut distinguer :

Ou il a subi l'amputation, ou il ne l'a pas subie.

S'il ne l'a pas subie, il doit la valeur de la chose, et dans le cas où il est solvable et dans le cas où il est insolvable ;

S'il l'a subie, il ne doit la valeur de la chose qu'autant qu'il est solvable, et de plus (ce que ne dit pas Ibn Aby-Zeïd) qu'autant que sa solvabilité a duré sans interruption du jour du vol jusqu'au jour de l'amputation.

FIN DU CHAPITRE.

Après avoir terminé ce travail, un doute me
survint, et je voulus l'éclaircir : un fait dont
j'avais gardé le souvenir me donna sujet de pen-
ser que, peut-être, dans le rit de Malek, des circonstances auraient amené à assimiler, comme
dans le rit d'Abou Hhanifa, les corporations de
métier au Divan, et qu'en conséquence ces corporations seraient appelées à tenir lieu d'aâqila
à ceux de leurs membres qui n'avaient point de
Divan. J'eus alors recours à l'un des plus savants
docteurs de nos possessions d'Afrique, et lui
écrivis en le priant de me fixer sur ce point. Il
voulut bien m'adresser la réponse suivante :

« Louanges à Dieu seul ; que la paix soit sur
celui après lequel il n'y aura plus de prophète.»

« L'humble, l'infime, l'impuissant, le pauvre,
a reçu, dans un moment de trouble d'esprit,
d'affection, causés par l'abondance de l'injustice

et du mal, par l'abaissement des savants et l'é-
lévation des ignorants, une lettre renfermant
une question. »

« Cette question a pour objet de demander
des éclaircissements sur ce qui se pratiquait à
Alger, au temps des Turcs, relativement aux
points suivants, savoir : »

« Qui, de l'aâqila, laquelle n'est autre chose
que les aâcibs, et de ce qu'on assimile à l'aâqila,
c'est-à-dire le Divan, paye le dié de l'acte par
imprudence et le dié assimilé au dié de l'acte par
imprudence ? »

« Est-ce à la fois l'aâqila et le Divan, ou seulement l'un ou l'autre ? »

« Lequel est appelé à le payer avant l'autre ?»

« Les gens de métier sont-ils compris dans
le Divan ? »

« Je réponds en faisant connaître d'abord la
signification des mots pris individuellement,
afin que la volonté de la loi apparaisse avec évidence, et que l'on voie ainsi ce qu'il y a eu de
perversion dans la coutume suivie à Alger sous
le gouvernement des Turcs, jusqu'à ce que Dieu
leur eut enfin retiré l'empire de ces contrées. »

« Je dis : « Aâqila dérive d'aaqel, et aaqel signifie, en arabe, ce que l'on donne en retour du
dommage causé aux personnes, c'est-à-dire le

Dié, parce qu'on liait (aaqel) les chameaux devant la porte du parent de la victime de l'homicide. Ensuite l'usage a étendu la signification de ce mot au dié exigible, soit en chameaux soit en espèces. On appelle celui qui paye le dié aâqil, pluriel aâqila, pluriel du pluriel aouâqil. »

« Dans la coutume, on entend par aâqila les aâcibs, qui sont les héritiers (*a*); et on a assimilé à l'aâqila le Divan, à cause d'une raison déterminante qui lui est commune avec l'aâqila, je veux dire la mutualité d'assistance. En effet, le dié, chez les Arabes, avant la venue du Prophète, était supporté par l'aâqila; cela fut maintenu dans l'islamisme, et ils payaient ainsi le dié, les uns pour les autres, à titre d'assistance. »

« Les choses eurent lieu de la sorte jusqu'à l'institution du Divan par Omar; car ce fut Omar qui, le premier, institua le Divan dans l'islamisme (*b*). »

(*a*) Le mot héritier est employé ici dans son sens le plus restreint, c'est-à-dire comme désignant ceux des proches qui peuvent être appelés à recueillir, ou la totalité de la succession, ou la totalité de ce qui reste de la succession après le prélèvement des légitimes; mais non ceux qui ne peuvent avoir droit qu'à des légitimes, tels les frères utérins.

(*b*) El-Fakhr Er-Râzy, dans son histoire des dynasties, donne les détails suivants sur cette institution du Divan par Omar:

« L'armée, c'était les musulmans, et ils combattaient pour la

« Le mot Divan signifie, en arabe, les états
du compte. La signification en a ensuite été
étendue à celui qui tient les comptes, puis au

---

religion et non dans la vue d'avantages temporels. On en voyait
sans cesse sacrifier à des œuvres de bienfaisance et de piété, une
partie considérable de leurs biens; ils ne voulaient que de Dieu la
récompense de leur foi et de l'assistance qu'ils donnaient à leur
prophète, et le prophète, ni Abou-Bekr, n'instituèrent point pour
eux de distributions fixes; seulement, lorsque, dans une expédition, ils avaient fait du butin, ils en recevaient la part qu'avait déterminé la loi, ou ce qui arrivait à Médine de quelque pays, était
porté à la mosquée du prophète, et y était partagé entre eux selon
que le prophète le jugeait convenable; et il en fut ainsi pendant le
kalifat d'Abou-Bekr et jusqu'à l'an 15 de l'hégire au temps du
kalifat d'Omar. A cette époque, leurs conquêtes s'étant multipliées,
les trésors des Kosroës étant tombés dans leurs mains, les charges
d'or, d'argent, de pierres précieuses, de vêtements somptueux,
affluant à Médine, Omar voulut leur donner avec abondance et
partager entre eux ces richesses; mais il ne savait comment faire
et quel ordre établir. Un satrape perse, qui se trouvait à Médine,
voyant son embarras, lui dit : « Prince des croyants, les Kosroës
ont ce qu'ils appellent un Divan, dans lequel ils tiennent état de
toutes leurs recettes et de toutes leurs dépenses; rien n'y est omis,
et ceux qui reçoivent y sont rangés les uns à la suite des autres,
de telle sorte qu'il ne s'y glisse point de manquement. » Omar fut
frappé de cet avis, et il lui dit : « Fais-moi connaître en quoi cela
consiste. » Le satrape le lui ayant expliqué, il comprit toute cette
idée, et il établit des registres et institua la distribution, en arrêtant
un classement de tous les musulmans, et en déterminant une part
pour les épouses, pour les servantes concubines, pour les parents
du prophète, et il partagea ainsi tout sans rien réserver dans le beït
El-mâl. Un homme lui dit alors : «Prince des croyants, si tu laissais

lieu où il tient les comptes et à toute espèce de livres, aux recueils de poésies, et à une monnaie à Mer'ou; et c'est de cette monnaie que Djafar de Mer'ou a pris son nom de Divâny. »

---

quelque chose dans le beït El-mâl pour servir de ressource en cas d'événement? » Mais Omar le réprimanda et lui répondit : « Ce discours, c'est le démon qui l'a mis dans ta bouche; Dieu me garde d'y prêter l'oreille, et il sera une tentation pour ceux qui viendront après moi. Je ne me munis contre les événements qui pourront survenir, que de l'obéissance à Dieu et à son prophète; c'est là notre ressource à laquelle nous devons ce que nous avons obtenu. » Il jugea ensuite à propos de régler la distribution selon l'ordre de priorité de conversion à l'islamisme et d'assistance donnée au prophète dans les combats; et il mit à cet effet les écrivains à l'œuvre, en leur commandant de former les catégories et de dresser l'état de la répartition. Les écrivains lui ayant dit alors : « Par qui commencerons-nous, prince des croyants? » des Ashhâb lui exprimèrent l'opinion que ce devait être par lui-même en lui disant : « Tu es le prince des croyants, et tu dois avoir part avant les autres. » Mais Omar y répugna, et il répondit : « Commencez par El-Abbâs, l'oncle paternel du prophète de Dieu, puis par les Beni Hâchem, puis par ceux qui viennent après eux, catégories par catégories; et quant à la famille d'El-Khetthâb, inscrivez-la dans le rang où Dieu l'a placée. » On suivit sa volonté, et les choses furent maintenues dans cet état pendant toute la durée de son kalifat et de celui du kalifat d'Otsman. Néanmoins, aux derniers temps de son règne, il conçut l'idée d'adopter un autre ordre et de donner à chaque musulman quatre mille, savoir : mille destinés à pourvoir aux besoins de sa famille quand il irait à la guerre, mille qu'il emploierait à s'équiper, mille qu'il porterait avec lui, et mille qui lui serviraient à se procurer les aisances de la vie. Mais il mourut avant d'avoir mis ce projet à exécution. »

« Dans la coutume, il sert à désigner l'inscription des diverses classes d'individus qui sont tenues prêtes pour combattre l'ennemi, c'est-à-dire des individus qui composent l'armée. »

« On commence par le Divan, pourvu que ceux qui y sont inscrits reçoivent en réalité et d'une manière permanente ; et si l'on ne trouve pas, parmi eux, à qui faire supporter le payement de la totalité du dié, on leur adjoint leurs aâcibs non inscrits avec eux au Divan. »

« S'il n'y a pas de Divan, ou s'il y a un Divan, mais que l'auteur du dommage n'y soit pas inscrit, ou s'il y est inscrit, mais que ceux qui y sont inscrits ne reçoivent point, on commence par les aâcibs en suivant l'ordre de proximité. Des aâcibs on passe aux patrons ; puis, selon l'un des deux dires, aux affranchis ; et enfin au beït El-mâl, si l'auteur du dommage est musulman, car le beït El-mâl est héritier. »

« S'il n'y avait pas de beït El-mâl, ou s'il y avait un beït El-mâl, mais qu'on ne puisse le faire payer, le payement du dié serait supporté par l'auteur du dommage sur ses biens personnels. »

« Parmi les aâcibs on commence par le fakhd, puis du fakhd on passe au bathn, puis à l'iimâra, puis au facilé, puis à la qabilé (tribu), puis à la plus proche des qabilés. Le chaab est plus grand que la qabilé; la qabilé est plus grande que le facilé et ainsi de suite (*a*). »

« La limite du moindre nombre des aâcibs (dont se compose l'aâqila), est 700. Néanmoins, il en est qui ont dit qu'elle était 1,000 plus quelques-uns, comme quatre, par exemple. »

«En conséquence, d'après la première opinion, quand le nombre des aâcibs ne s'élève pas à 700, on leur adjoint celle des qabilés qui leur est la plus proche. D'après la deuxième, quand le nombre des aâcibs ne s'élève pas à mille, on leur adjoint celle des qabilés qui leur est la plus proche. »

« Les membres de l'aâqila, au dessous du nombre voulu, ne sont point obligés de payer la totalité du dié quand même ils pourraient le faire à raison de l'étendue de leurs ressources; et on n'en impose aucun que dans une proportion qui ne nuise pas à sa situation ; le riche contribue selon sa fortune, celui qui est moins riche contribue selon sa fortune. »

« On n'impose ni le pauvre, ni l'individu ap-

(*a*) On comprend que le sens est que le chaab se divise en qabilés, la qabilé en facilés, etc.

partenant à une autre religion, ni l'esclave, ni l'enfant, ni la femme. »

« On n'impose pas le pauvre, parce que la contribution de l'aâqila est une aide, et que le pauvre doit être aidé. »

« On n'impose pas l'individu appartenant à une autre religion, parce que la raison déterminante de la contribution est la mutualité d'assistance et qu'il n'y pas, avec différence de religion, de mutualité d'assistance. »

« On n'impose pas l'esclave, parce qu'il est comme le pauvre. »

« On n'impose pas l'enfant et la femme, parce qu'il n'y a pas de leur part réciprocité d'assistance. »

« On ne fait pas entrer dans l'aâqila l'habitant des campagnes avec l'habitant des villes selon l'opinion la plus exacte, quand même ils ne formeraient qu'une seule tribu ; de même qu'on n'y fait pas entrer l'habitant de l'Égypte avec l'habitant de la Syrie, quand même il serait plus proche ; on le considère alors relativement à l'aâqila comme s'il n'existait pas. »

« Ces principes une fois connus, on voit que l'on ne tient aucun compte de la communauté de métier et de profession. »

« Le payement du dié (entier) a lieu dans trois

années qui courent à partir du jour du jugement et non du jour de l'homicide. La portion
due pour chaque année se paye à la fin de cette
année, et le payement s'achève à la fin de la troisième année. »

« Voilà le droit dont on ne saurait s'écarter. »

« Quant à la coutume qui était suivie à Alger; »

« Le Divan, pour les Turcs, c'était le corps
de leurs troupes, corps qui a cessé d'exister; et
ils ne lui faisaient pas payer le dié de l'homicide
par imprudence; ils n'appliquaient pas même à
ceux qui en faisaient partie, le talion de l'homicide intentionnel, hors de rares cas où ils l'appliquaient à des hommes sans appui. Ils n'exi-
geaient le dié que des habitants des campagnes,
le faisant d'ailleurs payer à la tribu de l'auteur
de l'homicide ou de la blessure, sans avoir égard
au nombre des individus qui la composaient;
bien plus, ils lui faisaient payer le dié, et dans le
cas d'homicide intentionnel, et dans le cas
d'homicide par imprudence, quoique l'homicide intentionnel et l'homicide par imprudence
avoué par celui qui en est l'auteur (a), ne
soient point à la charge de l'aâqila, laquelle ne

(a) Il veut dire : l'homicide par imprudence dont la preuve résulte de l'aveu de celui qui l'a commis.

doit que le dié de l'homicide par imprudence que n'avoue point celui qui en est l'auteur, et ce dié, ils le retenaient pour eux-mêmes sans le donner aux héritiers de la victime. »

« Or, tout cela étant contraire à la loi, était injustice et iniquité, et cela a été cause que Dieu leur a retiré l'empire, selon ces paroles des interprètes de la loi : « Jamais le gholoul ne s'est montré parmi des hommes, sans que l'effroi ait été jeté dans leurs cœurs; jamais la fornication n'a étalé son scandale parmi des hommes, sans que la mort ait multiplié au milieu d'eux ses ravages; jamais hommes n'ont réduit le poids ou la mesure, sans que la subsistance ait cessé d'arriver à eux; jamais hommes n'ont jugé avec injustice, sans que le sang ait coulé au milieu d'eux avec abondance; jamais hommes n'ont violé le pacte, sans que l'ennemi leur ait imposé son joug (a). »

« Quant à ce que vous dites, que vous n'avez pas vu dans les livres malekys, comme vous l'a-

---

(a) Ces paroles sont d'Abd Allah ben El-Abbâs l'un des Ashhâb; elles sont rappelées dans le Mouettha.

Le gholoul, c'est prendre soi-même du butin avant que le butin ait été mis en masse; prendre du butin après que le butin a été mis en masse, ce n'est plus gholoul, c'est vol.

vez vu dans les livres hhanefys, de dispositions relatives au cas où l'infidèle se rend maître des pays de l'islamisme, quoique ce cas se soit fréquemment offert depuis la fondation du rit (a); »

« Sachez que nos livres sont remplis de dispositions relatives à ce cas ; en voici, en peu de mots, le résumé : »

« Quand le chrétien se rend maître des pays de l'islamisme, il y a obligation pour ceux qui le peuvent, qui en ont la possibilité de santé et de fortune, de fuir et d'abandonner ces pays pour conserver leur religion. Quant a ceux qui ne le peuvent, s'ils ont garantie et sécurité pour leur religion, qu'ils en supportent le séjour et qu'ils vivent dans des rapports qui soient le mieux possible. C'est là l'opinion généralement professée. »

(a) Je n'ai trouvé en effet ce cas prévu d'une manière explicite, dans aucun livre de jurisprudence malekye. En 1833, un long manifeste, dont je me procurai une copie, avait été adressé par les ulémas de l'extérieur aux ulémas d'Alger ; ils s'y efforçaient de leur démontrer qu'il y avait obligation pour eux d'émigrer, et que la loi leur défendait de vivre sous la domination de l'infidèle ; mais la question n'y était pas autrement envisagée, et mon désir était d'obtenir une réponse qui en embrassât tous les points ; comme on le voit, ce désir n'a pas été rempli.

« Il y a aussi une autre opinion suivant laquelle, lorsque les lois de l'islamisme sont en vigueur dans le pays tombé au pouvoir des infidèles, il est permis d'y demeurer, sans distinction de cas; et cette opinion est faible à cause de l'abaissement et de l'humiliation que comporte ce qu'elle autorise. »

« Mais les deux opinions s'accordent en ce point, que si, à cause de manque de foi ou de perfidie, le musulman n'est pas en sécurité pour sa religion, il y a pour lui obligation d'émigrer, de fuir, d'abandonner pays, argent, or, enfants, patrie, d'emporter sa religion dans les déserts, sur les mers, de la conserver dans les villes et les bourgs, ne trouvât-il pour subsister, que des racines d'arbres, de s'éloigner de ce séjour des misérables qui violent le pacte de Dieu et qui répandent le désordre sur la terre, et à ceux-là est réservé la mauvaise demeure. »

FIN.

TABLE ALPHABÉTIQUE

DES MOTS ARABES

DONT CET ÉCRIT FAIT CONNAÎTRE LA SIGNIFICATION.

A

	Pag.		Pag.
Aacebé	65	Adillé	31
Aâcib	65, 115	Afrique	23
Aadâlé	66	Ahl El-Kitâb	13
Aad'l	66	Aouâqil	115
Aaqel	114, 115	Arabyé	48
Aâqil	115	Ashhâb	14
Aaqila	83, 114	Atâr	17
Acedyé	38, 39, 40		

B

	Pag.		Pag.
Bathn	118	Bint Leboun	76
Beït El-mâl	83	Bint Mekhadh	76

D

	Pag.		Pag.
Dié	65, 115	Djaïfa	80
Dimmé	83	Djedaa	76
Dimmy	83	Djild	106
Divan	83, 115, 116		

F

	Pag.		Pag.
Facilé	118	Fer'aa	16
Fakhd	118	Forouou	16

G

	Pag.		Pag.
Ghilé	65	Ghorra	88
Gholoul	122		

H

	Pag.		Pag.
Hhadd.	63	Hhoddjé.	20
Hhiqqa.	76	Hhodoud.	63
Hhirz.	107		

I

Idjtihâd.	15	Ikhtilâs.	108
Iimâra.	118	Iman.	65

K

Kefayï.	53	Khyâné.	110
Kholça.	108	Kitâby.	13

L

Lass.	94	Loss.	94
Liss.	94	Louts.	68

M

Madjoucy.	73	Mohhcin.	94
Mamouna.	80	Mokhtecer.	47
Mebçouth.	43	Mokhtaletha.	43
Medjmouaa.	44	Monaqqila.	79
Mewâzyé.	41	Morâhh.	111
Modawéné.	37	Motallata.	77
Modjtehid.	31	Moudhihha.	79
Moghalladha.	77	Mouettha.	31

O

Oçoul.	31	Ootebyé.	41
Omm Oueled.	97	Ouâdhihha.	42

Q

Qabilé.	118	Qatl El-Kketha.	64
Qadf.	101	Qeçâmé.	66
Qatl El-Aamd.	64	Qernân.	101

R

Reçalé.		10

S

	Pag.		Pag.
Sâhhib.	14	Sonna..	5
Sariqa..	110	Sonnite.	5
Sehhâby.	14	South.	106

T

Taazir.	63	Taoudhihh.	47
Tabyï.	17	Tebcira.	45
Tadib.	63	Tehdib.	89

Z

Zindyq.	90

FIN DE LA TABLE.

PARIS.—IMPRIMERIE DE FAIN ET THUNOT,
IMPRIMEURS DE L'UNIVERSITÉ ROYALE DE FRANCE,
Rue Racine, 28, prés de l'Odéon.